（本圖已註冊著作權，請勿自行引用）

心靈勵志
41

人間修行

靈修，在修什麼？

穿梭在凡間的精靈

莫林桑 著

博客思出版社

【目次】

第肆章：敬慎從事謙卑向天地

【目次】

第伍章：自心安定才是定

第陸章：驀然回首只見天地幽幽

人間修行（一）

靈修在修什麼？

1．通往通靈的「神」經

靈修到底要修什麼？通靈又是什麼樣的現象？

一般的宮廟神壇的宮主或師姐，總是說你跟神佛有緣喔，你有帶旨喔，你要修，要替神明做事喔，要建宮立廟，你有帶先天命，所以你要修喔，那到底要修什麼？又要怎麼修？卻又講的含含糊糊，籠籠統統。於是到廟裡拜拜、做義工閒磕牙、打打坐、折蓮花、敬水奉茶、擦神桌，三不五時做做法會，超渡先人及無形眾生，辦事時排班點香記事，而神尊總在虛無縹緲間？這些神壇宮主又是神通廣大，可以上南天門，又可以下地府，在三界中遊走，直通鬼神，隨便搖頭晃腦都可以出詩句，文字拼拼湊湊也出文，真的是驚人的神力。然而你稍有不從或想脫離團體，就威脅利誘，做義工參加法會超渡就有功德，不做就會招殃惹禍，於是走廟荒疏了工作，經濟上是壓力，有壓力了要走或留，又是精神上的壓力，到底是神還是鬼，真令人狐疑。

這是修行嗎？

靈修現在是顯學，不管什麼宮廟神壇，不管奉祀什麼神尊，就是要跟神靈扯上關係，教你靈動、教你靈語天語、教你寫天文，結果什麼也聽不懂看不懂，原理不知，本身也茫茫然。就因為是顯學，所以附庸者眾，各種奇門邪教也都算在靈修頭上，所以靈修也背負許多莫須有的罪名。

有師姐問我，「那該如何傳達修行的觀念，又不會讓人感到卻步？」其實簡單一點，就是把修行「拉回人間」就好，用人聽得懂的話說，用聽得進去的話說，用道理脈絡引導，修行不是要拿麈尾走雲上，更不在神鬼莫測的虛無飄渺間，修行不用恫嚇，不必利誘，也不必強迫接受。

本書用很淺顯易懂的白話跟比喻，讓你輕鬆了解為什麼有人會看得到「無形」的鬼神，為什麼有人可以通靈預知，而且每言必中，到底靈修在修什麼？通靈到底要做什麼？為什麼靈修就要手舞足蹈，怎麼看起來都像神經病！那要進入靈修或修行要調整什麼樣的心態？

有些事情要進門看才會看得清楚，站在門口做門外漢只能看到表面，你怎麼看得到裡面精神內涵是什麼？希望可以利用這本書引導你輕鬆看懂靈修，自在快樂的靈修。靈修沒有什麼玄奇古怪的，也沒有複雜的名詞和儀式，修行只是生活概念的修正。有文字就有文字障，有科儀就有知行障，太多的名相只是增加修行的障礙，所以靈修修行是越簡單越輕鬆越有進境的，要進入靈修修行只要把言行思維單純化就好，但也不是每個人都需要進入靈修的。然而在你的日常生活言行舉止做事的態度方法跟觀念，則是時時都要進入可以修正的狀態，也要有修正的準備，這樣可以減少阻礙，融和人際關係，增加成功的機率，日常生活中的修／行，才是真正的修行。

自在修，修自在，在人間快樂修行。

2・靈修的「無極」道法概念

無極道法─至道無極法自然，淨我還真自在修。

強調的是：「法自然、修自己、行無極」要放下立場，開闊接受。

以自然為宗，心量要無限接受，簡單自在修自己的先天靈體，讓靈我在自身與無極宇宙中自在穿梭。靈本無形，心包太虛，沒有極盡之處，人身所處即是無極之境，所以要回到自身修無極。

修行是蓋「自己心中的廟」─安頓自心的所在，把自己內心的神性找回來，不假外求，人人皆有神性佛性，把廟蓋在自己心中，自心安定則行住坐臥皆如神安定自在。

【作者序】

修行不是一個名詞，而是兩個分解動作的動詞，「修正」跟「執行」。

修／行─著重的是實修實證，平時生活所在就是修／行的道場。

修／行─是一個蓋廟的過程，因為要的是自己心中自在的廟。

所以從修自己開始，肉體眼睛，看到的永遠是別人，要尋找自己心靈的眼睛，要能看到的是物事的本質，看得到自己內心的提升與自在。

所以修行是從「修自己」開始，蓋自己內心的廟，安頓自己。

第壹章：霧裡看花花非花

遇到具通靈體質的人
請給他一個關懷，並引導到靈修這條路來，
不要讓他茫茫不知所措

1-1神秘的靈修寶盒

靈修神秘嗎？其實並不會。

很多事物是你越接觸就越熟悉，也就越覺得沒什麼？就像作業務，保險業務會很難做嗎？你問一下「區處經理」就知道了，他會告訴你說難做才奇怪；汽車修理會難嗎？你問一下老師傅就知道，哪有什麼疑難雜症？

其實只要有接觸，有深入，熟悉了就不難。靈的問題，鬼神的問題，自古就存在，求神問卜是國家大事，巫人巫術自古有之，何以後來被視為畏途，當然一個是政治統治者的壓制，若不稍微規範壓制就有宗教作亂了─如黃巾白蓮之亂。

另一個因素則是儒教的盛行，儒家講的是尊王，講的是治術，所以敬鬼神而遠之。但是靈體的問題並不會因此而銷聲匿跡，而且有很多自小有通靈體質的人，因為有預知能力，有穿透陰陽兩界的能力，就被視為異數或邪靈。其實起因也在於一般人對靈的不瞭解，一方面也因為對神的敬畏，一方面也來自對鬼魂的懼怕，更因此而沒有接觸所以就更不了解，因為不了解所以會有誤解，而沒有接觸則來自不知道到那裡接觸，而所接觸的也是半知半解，甚至有人利用對鬼神的無知與懼怕而從中取利。所以現在一般人的害怕除了是鬼神之外，大半還是來自宮廟神壇的藉機斂財，需索無度，這也是無可奈何的事，宮壇主事者對靈修一知半解不知道害怕而胡作非為，令人身心肉體不知所措，不知所安，而靈也是不得其主，產生亂象也勢所必然。

所以要將靈界的神秘面紗揭開，讓有先天靈體質需要發揮的人，能夠找一個可以釋疑的地方，讓想修的身心靈有一處可以放心自在修行的地方，是「無極至尊」指示成立「玉玄宮道場」開辦道務的初心。辦道務只有正心正念，要不貪不取，合道行事，神明借人所言的事要驗證清楚，明白是否合道，還是人借神口假傳神意，俗話說「人在做天在看，人在做神在看」此言真實不虛。

修行／啟靈是部分靈修通靈者的主要任務，其它有關靈體的疑難雜症的處理，醫術科學無法醫治的問題的理清辨明，也只是靈修通靈者辦事的必要的工作而已。

希望透過這本書的發行，可以讓有靈體的困擾的人或其家人能夠找到一個地方，然後有一個合理明確的答案跟有效的處理，而不是神話一篇又花大把銀子去做法會，去超度無形眾生，卻收不到效果。所以如果有遇到或你的家人朋友有這類你認為「胡言亂語」或「有預知能力」的，請不要壓抑他或送他去做精神鑑定。

請給他一個關懷，並引導到靈修這條路來，不要讓他茫茫不知所措。

1－2進入神的領域才能夠理解神

以前讀論語裡面有：子不語：「怪、力、亂、神」這是儒家思想而且早已深入人心，尤其像我這種中文系的，猛背論語孟子又奉之為生活圭臬的，更是脫離不了這種概念，而且認為論孟不是拿來讀的，是用來實踐要實際去做到的，如果以儒家的觀念看法，當然是會排斥怪力亂神的。

以前也從不會去想，為什麼孔子不談論：怪力亂神；現在一腳踏進神的領域，才知道原來神的領域不容易談，不容易談是因為一般人沒有實際體驗不容易懂，不容易懂是因為一般人受孔子影響，心裡是敬鬼神而遠之，所以很少人願意花時間進入鬼神的領域，只停留在敬畏的層次，所以不懂也是正常。

那孔子為什麼不談，除了可能是因為孔子也不懂外，也不能去提，因為鬼神是另外一個空間領域，一般人無法了解，無法實證說明。而且與儒家人世間的王道，人君為尊的觀念相悖離，若人民以神為中心，有可能會產生無法管控的現象。所以中國沒有產生如歐洲「政教合」現象或是以神領政的現象，因為孔子提王道，提尊王，要安定和諧，所以，子不語：「怪力亂神」。

如果你可以接觸，甚至可以了解神的領域，為什麼要遠之？

1—3靈修／修靈是一個幸福過程

很多人天生體質關係，必須走入靈修，也勢必要進入靈修，但是因為懵懂跟害怕，轉而進入其他宗教領域，期望能避開與神鬼接觸的命數，但卻又總是不能安心，所以如果能及早認知這已經是一條無可迴避必須要走的路，那就是逃避閃躲也是無用的囉！何不就調整心境愉快地接受祂，接受祂！是要去了解祂，認識祂，配合祂，讓祂成為生活中的一部分，然後示現「祂我一體」的自在愉悅感，讓生活充滿真正自己體驗的神奇，真真實實面對自己的感受。修行是沒有比較，無法計較的，只有實修實證，「心態決定過程，過程決定結果。」

如果修行是條無可迴避的必經的路程，「幸福」就是在這條道上輕鬆愉快的找到屬於自己的方式跟風格，如果修行是一條不可迴避的必經之路，那麼打從內心的去接受它是必要的。就像你在職場，認真學習，全心投入，不斷的成長自己，然後獲得升遷加給，然後有足夠能力、財力自己做老闆一樣，那是幫人上班自在，還是有足夠能力後自己做老闆自在。

「幸福」就是找到自己應走的路，然後投入心力，不斷學習成長。只有能自主，才能自在；只有能力足夠，才能自在；只有真誠面對自己，事無不可告人的狀態，才能自在。

如果修行是一條無可迴避必經的道路，與其等著被考驗才覺悟，何不快樂接受，先做功課，然後清楚，明白的上路。幸福就是一路上指標清楚，又能愉悅的盡收沿途美景，所以輕鬆愉快的心情是必備的要件。

1－4通靈體質常被誤解

通靈體質的人通常都有預知能力，靈已經預告了，不講心裡又毛毛的，講了對方不相信，說你在「唱衰」，等到真的如你所言發生了，不但不感謝你，還說你烏鴉嘴「帶衰」。真的是，有多邪就多邪，有苦說不出。

那為何會這樣？

因為剛醒的靈還憨憨的，只知道要助人救人，卻不知道用什麼方式救，要怎樣做才能收效，其實這個道理很簡單。

沒什麼事有什麼好預告的，喜事先告訴你不是讓你到時掃興了嗎？所以只有不好的事要事先告知預防或避免，就像會有道路指標告訴你：前方500公尺道路平坦「好走」的嗎?不會的，一定是：前方500公尺道路施工請減速慢行，前方800公尺道路坍方請靠右線行駛，所以預知是需要幫人才需要預知阿，不好的事才需要預告，所以你被視為「衰神」也是正常。因為你沒操作成：「我是先知，我是老師。」所以，再來只要操作方式調整一下就好了。

以後如果要講到預知這個事情，就要請他包個紅包，讓對方知道這是在辦正事，也確認對方認知是他向你求救的；就像你要幫人處理糾紛，擋掉禍事一樣，那原本要發事端者是不是找你算帳？一定是阿（你要幫人擋債，你是不是有要幫人還？），但如果你是調解委員或警察等執法人員，你辦這些事是不是就理所當然，也有法源依據不會有事，你收個紅包等於是告知無形界我是「幫人家辦事」，我有牌的，不是地下黃牛，不是閒閒沒事在管閒事，這樣才不會自己一直卡別人的衰事，衰到自己。

1－5靈到底是什麼?

那我們可不可以知道靈到底是什麼?

靈看不到，摸不著，只能去感覺，而每個人的感覺能力又不同，真是一言說不盡

阿，除非當事人自己去感受到了，否則，真的難以言語形容……

就像到比較原始生活的地區，你告訴他：人可以飛喔，電視機可以接收影像，他會茫茫然一樣；你也很難跟他解釋什麼是電視機，什麼是飛機，因為他們壓根沒這個概念。很多東西看得見都不見得懂了，更遑論根本看不到的東西，那你看不到的東西是不是就不存在，不見得的，像「電波」是看不到，但你知道它存在，你卻沒辦法形容它一樣。

那到底「靈」是什麼樣的東西？

我們以身心靈一起做個說明，以電腦做個比喻，可能還差可讓人了解。

電腦由各個部分零件組成，人體就好像電腦的硬體；手腳眼耳鼻等等，好像電腦的零件；心的運作就是CPU，CPU啟動，電腦才能開關跟帶動其他硬體開啟操作，但是各個硬體運作，到底運作到什麼程度？卻取決於軟體程式了。

「靈」就像是一個帶有操作程式的記憶體（硬碟），這個記憶體記錄下所有操作過程，並且以實際運作檢測軟體的實用性跟順暢度，當電腦硬體壞掉報銷時，將這個記憶體拿到其他電腦組裝，他是可以運作的，只是，「靈體」在轉換硬體之前會經過「格式化」，會抹除內容；但這些內容的印痕實際上仍存在記憶體裡面，會操作的人一樣可以將它還原。所以轉世後，有的部分格式化不完全，他很快在這個部分重啟操作，這就是

「天才」。而像智能欠缺或唐氏兒則類似是記憶體不足，或記憶體在安裝過程受損，只能在極小空間不斷循環而已，而密藏的轉世靈童，則好像是在記憶體內很快找到舊有程式的使用痕跡，再重新灌注相同軟體進去，所以CPU跟其他另件是固定的，而記憶體是可以加裝程式，及不斷擴充的。

而「靈」的運作更是可以不斷擴充的，「靈」來到人世是為了尋求可以擴充及加裝的軟體程式，所以靈是不斷的經歷，不斷的學習，不斷的體驗，是為了載入新的經驗，來檢測舊裝程式的實用跟順暢度，也是為了修改舊有程式的缺失，發展新的程式軟體，以便改進升級，所以需要累世來修；而神明就是一組超大能量團，祂就好比是雲端，他除了接收載入你的資料訊息以外也載入其他靈體的資料訊息，是一個大型資料庫，祂除了接收訊息，同時也可以提供資料或程式給你，在修的過程中是不斷的資料往來傳輸；你的信號越強，頻寬越大，你的吸收/修正的速度也越快，你就變得有更強大的運作能力。

在修行中，打坐就好比施工，是為了讓線路保持清晰，讓訊號加強，現在是電腦時代了，所有訊息反應是很快的，神明處理的速度也更快，所以以前說來生再報，現在幾乎是很快現世報，而在修行調整的速度也更快了，辦事的效率跟方式也更新更快。

那還有「嬰靈」的問題，應該困擾很多女性朋友，到底嬰兒什麼時候開始有

「靈」？其實在胚胎時，已經配置守護的靈，是靈與人配對完成，一般應該是在出生的時候，身心靈的運作才會結合。但墮胎、流產等同讓嬰兒出世，但靈發覺沒辦法作用，一般靈會返回等待重新配對，但執著或有淵源的靈徘徊不肯離去，所以會有嬰靈現象。

就像電腦組裝，只有機殼是不算電腦的，他要各個零件安裝的差不多了，CPU裝上，然後開始灌驅動程式，檢測各個零件正常與否了，才算是電腦組裝完成，然後才加裝各種軟體或下載各種程式。

嬰靈現象一般只要請神尊渡化即可，若自我感覺有嬰靈跟隨現象，應不要忌諱，找熟識地方請神尊幫忙。

1-6不一定要拜神拜佛，但一定要有一顆修行的心

靈修要的是有一顆修行的心，求神、拜神不如要會「用」神。

想要讓自己更好，其實要的是有一顆「修」「行」的心，修行的心是願意去接受去承認自己的不足，願意去修正，然後發揮執行力，來達到讓自己更為提升的目的。

修行拜神也是一樣的，是要去學祂的精神，去行祂的精神。而不是拿個三炷香，擺

上五樣水果，三件牲禮，然後說神啊，我來拜你，我要：我的兒子很乖，丈夫不花心，錢財滿廳，要神照你心意達成，這跟業務每天準時到公司打卡，做完清潔工作，然後就坐在哪裡跟老闆說：老闆，我要有30天年假，汽車代步，年收入百萬一樣。你覺得有何不同嗎？

你與其求神拜神，為什麼不調整觀念去學會「用神」！你要業績，你的經理／總經理也要業績，要好好利用主管，不管是求教，不管是陪同，就是要主管去協助你達成業績才是正途，而不是要主管給你客戶、給你業績，所以你要怎樣跟主管打好關係，自己努力做然後多多使用他就會有好關係。

人與神是一個太極的運作模式，須要互相之間能量做交換，才能帶動人神之間的太極和諧運轉，就算神明神通廣大，祂有義務一定要給你什麼嗎？神明是沒有義務供應你任何事物，滿足你任何需求的。不要搞錯了。

就像父母親一樣，你沒跟他們做良好的互動，他們一定要把財產給你嗎？把「應該」的心態拿掉，你的世界就會很舒適，所以不是你去拜神、拜佛叫做修行。而是你去修正調整學會達成目的最好最適當的方式，一直修正去找到這個方式然後去執行，這才是修行。所以不管有沒有信教，一定要保有一顆修行的心。

1－7修是為了自己不為誰

那修行到底是為誰修？修行是無法幫誰修或為誰修的。

常聽人說：各人造業各人擔。「功果」也是：各人功果各人享。這才是一個自然運轉的道理，相對存在的。如果「功果」可以給，可以回向，那「業障」是不是也可以給，可以回向？因為「法則」應該要一致，放之四海而皆準，這才是道理，不然，你應該也要允許「只准州官放火，不許百姓點燈」的行為存在了，不能說「有利於我都可以，不利於我的就要壓扁」，那就沒什麼對錯或真理可言了。

所以一般人都會幫誰誰誰去做「功果」，或是回向給某某，沒錯，不管出於「愛護」、「憐惜」、「補償」，這都是一片好意。但是「功果」、「業力」是不是真的能給來給去？所以「修行」、「累積做功果」都是只能做給自己。可以給也只是特定某些部分。就像你教小孩讀書，你能幫他讀書，幫她考試嗎？最終還是要他自己去承擔，去學會，如果你能讓他理解「讀書是為了他自己」，不為任何人，那你就不用擔心或管他要不要讀，有沒有在讀了。就像修行打坐是做功課一樣，功課做了，會了，是自己得到，別人或許幫你／教你，也僅只於此。學習是一時，練習是一世，修是為了自己不為誰。

1—8人來就山，還是山來就人

「橫看成嶺側成峰，遠近高低各不同；不識廬山真面目，只緣身在此山中」。

這是蘇軾看廬山的描寫，橫、側、遠、近、高、低，這是在廬山外，一入山，就不識廬山真面目了。山是不動的，它就在那裡，就是不動，他只在成就他自己；樹長的高，長的奇，花開的美，雲霧瀟灑過，鳥蟲自在棲，任人評斷，也不損它的高，不減它的美。

所以要講的是什麼呢？

如果你要自己不動，讓人來就你，那你只有一直充實自己，一直造美自己，創造自己的吸引力出來，也不用去理會他人的評斷，追求者，仰慕者自然就來了。反之，你要去追去求，那要看看你是否有足夠匹配的條件和能力，要知深山的美，你夠體力和足夠的裝備嗎？

所以修行是什麼？只是把自己登山的能力條件和配備培養出來，備足強化而已，山的美不是一天養成的，「參天古樹百年身」啊。

所以「修行」，修的是自己，看得到別人的缺點，不會讓你完美，看得到自己缺點，才有進步的空間。修行，不要急，也不能急，日積月攢，「真積力久則入」。

所以是山來就你，還是你去就山？

其實，要做的都一樣，把自己做好、準備好，可以你要就山，那你有足夠的條件，去登山涉水，你也可以是山，有足夠的美吸引人來。

修行是看你自己，不是看別人。

1-9修的地方要自己能認同、能接受才去修

「修」要自己願意，自己能接受，修行的地方沒辦法強迫你來，要你自己願意接受才有辦法，所以不論你在那個地方修？適不適合？是否有收穫？都要自己能夠清楚認知才行！

修也不是光修通神，就算收音機，也要把自己機器調整好，才能接收到頻率；就算是修神通，也要自己靜得下來去接收。

所以「修」，首先要修的是自己，因為機器品質越好，接收越好。如果一味地急於通神通靈，心卻不先修靜，神明也沒辦法讓你通，因為接收的機器是故障的。

要更好，只有破壞原來的自己，壞掉的，不良的舊零件要先拆掉，才有辦法裝新零

件，如果以自己原有思維，先批判接收到的資訊，基本上新資訊已經很難進去了。因為你會選擇自己能接受的吸收，而這些東西通常是你原本就具有的配備或能力。

一般修行宮廟，對於師兄師姐到來應該都很願意接納，但也要師兄師姐有認同主事者並能認同這個地方才行。

不管在哪裡修行都要有一個「自在感」，神明沒有很多時間去一個一個講到你願意來修，所以要修一定要本身就有想修也願意修的，神尊也是只會收自己有認同、自己願意修的人。

修不只是修神通，也要修自己，修智慧。

修是讓自己更好，自己要去領受，修不修看自己，神明不會勉強你修。

1—10人神相處應有的態度

修行是要修明白事理，明白就不會迷。

神與人是互助，例如武財神為宮裡主神之一，主管事業，財利，個人運勢；一般宮廟為了維持宮務，信者只有奉獻，不斷祭解、不斷花錢、做志工，但是神明不會想不勞而獲，會想不勞而獲的都是人，人才會要貪。所以，在修行上強調的是要人神互助，也要事業跟生活結合。人要互助結合，要努力打拼，而不是求神平白賜財物給你。

一個修行團體如果能結合信者之間事業，創造投資，就業或互助創業的工作機會，讓信者除修行外並可靠自力在財利上獲得實質的改善，應該才是神尊最願意施予助力的狀態。

能協助達到在工作／生活中修行，在修行中生活／工作；因此，也可藉由信者互助獲利達到宮務發展，然後神尊賜給工作中的智慧與指導，這才是神與人的互助，也是修行在人間的目的。而不是辦道者藉由信者的困擾中斂財獲利，使信者原來的困境雪上加霜。因為在修行中產生經濟壓力的狀況時，是沒辦法繼續修行的。

這是修行者自己要衡量、評估的實際狀況，不要因為辦道者以神做幌子，使自己陷入困境，影響修行。在神尊的世界裡，只有人會欺人、人會欺神，神是不會欺人的。但是就是有人會假借神明之意欺人，然後把責任推給神，讓神背黑鍋！既然入此道中，要先學會辨明真假，要修的清楚明白，要以合乎道理與否為依據，而不是人家提說是神意就信以為真。要說神，也要看說神之人真正認識神與否？誠信與否？修是修一個「智慧」，不被人欺。修是修一個合道，不去欺人，更不要欺神。別以為做什麼神明會不知道，那也太小看神明了！

第貳章：蓮出汙泥不染塵

身心沉澱下來後，
靈能提升而自然領受靈界能量的引導

2－1為何要打坐？

前幾天，有師姐來說晚上都會跟無形靈體打仗，醒來很累；更早還有師姐說被無形靈跟到要來取「交替」，害她一到晚上很想自殺；或是無形靈會來掐人，晚上根本不敢睡。這是被外來的靈所干擾的現象，聽起來好像天方夜譚，但也實際在發生，當然這會有處理的方式，在教她方法後，也都順利將問題處理掉。

不過這讓我想到怎樣讓個人能夠直接處理這種問題。當然，這關係到個人能量高低的問題（功力高低），這就牽涉到自己是不是有認真練功的問題了（跟武術練功夫一樣），那練功就要提到為什麼要「打坐」？

俗話說：「師父領進門，修行在個人」，個人要怎麼練功修行？

在人的行事方面，一是檢討修正，一是懺悔，但是重點是在檢討修正過後及懺悔過後針對修正的點來「執行」；所以只有檢討修正跟懺悔是沒有用的，真正的懺悔是要能改正不再犯，但是人的習性要改很難，就本性難改，那難改到底能不能改？只是難改而已，並不是不能改，需要有深切的體悟才行。

那要改就要依靠另一個修行練功的方法，那就是「打坐」，打坐是一種更深切的檢討機制。當然打坐是一個形式，但在這個形式底下卻蘊含無限的力量。打坐一來給身心一個休養生息的時間，是生活中緩衝的力量；再來就是給自己的靈一個時間補充能量；再來的作用就是更深層的類似從驅動軟體去更改程式的作用，從內心去認知是操作方式錯誤而做一個調整。所以，打坐可以讓身心沉澱，讓肉體得到休息，讓靈有機會做主，降低心的意識，肉體思維。

通常靈修打坐可以分幾個階段：

初期打坐：

讓肉體放鬆，讓心的意識暫時降低或停止作用，這個階段是入門階段，入不了門就一切不用談了。初期打坐最常遇到的困難就是，肉體坐不住，無法放鬆，一般會以為自己已經放很鬆了，其實還是很緊繃；再來心猿意馬，各種思緒一起浮上腦海，無法控制，因此很難進入打坐的狀態。

這個部分是可以透過「淨靈加持」的方式請神尊來幫忙，如是更深層的「因果」干擾，就要祭化因果，祭化因果部分通常會在做身心靈統合時一起祭化處理掉，也可以透過其他方式收攝心念，容後再述。這個階段是萌芽期，一個心念轉不過來，可能就要結束。

成長時期：

這時期已經能跟自己先天靈接觸，這時已經是進入放鬆的階段，開始會有靈動的現

象，通常靈修打坐會從調整身體狀況開始，再來調整心理層面感受，慢慢讓自己可以進入輕鬆愉悅的狀態，領受靈給的指示。然後很清楚接收靈或神尊的牽引力量而靈動，也會帶領轉靈台來清除心理的鬱積或長期的壓力。這個階段會讓身心感受靈牽引帶動的力量，也可以清楚感受並知道肉體思維及心理運作的脈絡。

先天的靈源神尊也會慢慢主導並傳授應具備的功夫，這是身心沉澱下來後，靈提升而自然領受的能量的引導作用。

熟成時期：

這個時期身心已經可以清楚跟靈互相做配合，先天靈及有緣的神明會來傳授教導，並且有能力呼請先天靈及其他神明協助自己的修行。對於神明授予的法器或寶物可以清楚接收，這時期就會開始教授「天語」、「天文」、「符令／指令」、「法器／寶物」等等。並將你最深層的不愉快及積壓的憂傷再度清除，讓你達到零負擔的心理狀態。

這時期跑靈山會靈最有效果，因為自己本身能量已經具足，對各種感應的接收也比較清晰，對有緣的神明賜財寶法器教功夫也能清楚接收，像我個人就是在九華山地藏庵領「印」，所以在立宮時會有地藏王菩薩，要配合地藏王菩薩辦事。

通常在成長時期有的已經會靈動，講天語，有的比較快，有的比較慢，每個人的狀態不一樣，就像練功夫一樣，學會招式要讓它熟練，可以運用自如，越熟悉打出來的功力就越強，打坐就是在學習跟練習；收到寶物法器可以要求神明來教導如何使用。打坐時要點「檀香或沉香」，這是靈體的能量補充的必需品（神明要香火），也是讓自己能量更強的必備物品。

如果你已經從打坐（行／住／臥）中體會到先天靈跟神明的能量，如果想讓自己更具能量，更具功夫，那就無論再忙，都要抽空打坐了，時間會驗證你做功課的努力。

2—2打坐、靈動與天語

靈修打坐是一個非常自然的狀態的呈現，不像練氣功或是參禪吐納，它沒有形式，沒有制約，更沒有規定動作，他就是你最自然的呈現而已。

坐只是一種型式，行／住／臥中也可達到相同的目的，他們都是一種型式；打坐的目的是要進入自己放鬆自在的狀態，進入一種清明空靈的狀態，走路／睡覺都可以進入這種狀態。所以打「坐」坐下來後，一直想要躺下也是可以躺下的，都是在放空，都是在進行「思維改造」的工程，所以「打坐」是不可缺的功課。它就是一項工程，這項工程是淨化自己身心，減少無謂干擾，學會從根本解決問題的智慧來源，也是建構自己跟神明溝通管道的必要功課，是通「靈」的必修課程與過程。

靈動

靈動有些團體稱為「混體」「訓體」，大家常講「身心靈」「身心靈」，坊間也常有「身心靈」課程，雖名為身心靈，其實真正能清楚明白講靈嗎？能碰觸到靈的區塊的是少之又少，因為身心容易懂，「靈」的區塊就不是講講就可以知道？

在號稱靈修團體裡面，其實也不見得大家都了解，人在累世轉換的過程下，通常都會有一到數個先天靈靈源，在修的過程，先天靈源的神尊會下來與自己的靈兒接觸，一個作用是喚醒靈的記憶，一個作用是啟動靈的作用。「靈」也是有系統脈絡可尋的。基本上東方西方靈會不同，各個教派系統的靈也會不同；所以「靈」都會有自己的源頭（就是所謂：所來處。最明顯發揮「靈」轉世的驗證的，就是藏佛的「靈童」）。當身心與自己本靈交會後，靈覺啟動，利用在「靈動」的過程中，讓身心靈慢慢合而為一，再做「身心靈統合」的儀式，就是在加入「催化劑」，「靈動」就有類似攪拌或是搖搖樂的意思，在動態或加熱的狀態下，分子活動力比較強，比較容易重新組合排列，可以讓身心靈比較均勻融合。

所以靈動也是有過程的，因為靈要用體，第一個是要讓自己身體是健康可用的，所以剛開始的動作，大多在調整身體筋絡，打通氣血脈絡，讓身體健康，所以會有靈動的現象，這就是動態功課的必要性，靈也會透過靈動表達自己的感覺或意思。第二個是在調整「心」的作用，就是設法降低「肉體」的思維的影響，讓心能感受「靈」的作用，不會己意孤行，所以在打坐的過程中會一直清理腦海中的「垃圾記憶」，讓你理解以前的執行狀態所產生的影響，再把這些影響的力量減輕，達到讓你「放得下，想得開，不執著，做得到」這就是靜態功課的作用，第三個就是讓身心靈合一，也就是執行靈的意思。

靈動的舞動是靈在帶動，是一種肢體語言，可能是在做療癒，也有表達靈的訊息，也有在教一些必要的功夫（如寫符令、劍術……），一般宮廟稱為混（訓）體，這是源自宮廟訓練乩童的做法跟說法，但在靈修則單純就是本身靈在動，或靈與靈之間的互動，動作是由靈（神明）牽引帶動，不是氣動，也不是人為意識在牽動。在會靈靈動中，每尊神尊來會靈所展現的動作是不一樣的，觀音有觀音的動作與九天玄女的動作不會相同；三太子的動作與玄天的也會有別，連「天語」也各不相同，通常打坐時自己的先天靈源神尊會來教，所以動作主要都會是自己先天靈源的動作，必要時會有其他老師來教，或其他神尊來借體傳達訊息。這現象就像學校班級有主要的班導師在帶領，那也會有課任老師來上課一樣。

天語

為什麼會說天語會靈動，其實就像你講話做運動一樣，就像賣房子一樣，你為什麼跟客戶講房子面寬5米半，要表達的就是他有兩個停車位還很寬裕；你為什麼要抬腳蹬腿，因為想瘦腰；所以每個語言，每個動作都有要表達的意義，只是你有沒有了解，好的老師教瑜伽，會讓你知道做這個動作的程序，目的跟作用，一般的老師就讓你跟著做動作而已。

那「天語」是一種比較原始的語言，也有的是咒語，其實就像其他國家你沒接觸過的語言一樣，它也就只是溝通的工具而已，雖然你不懂，但是就有人能翻譯。就像你搬到俄羅斯或非洲，剛到的時候他們講的話就像天語，聽不懂不會講，但在當地住久了生活久了，你可能也就漸漸會聽會講了。所以天語並沒有那麼遙不可及。

我有個阿姨是基督教，他們也都用「土語」禱告，其原理是一樣的。

所以天語就是靈用來表達及溝通的語言，就只是靈這一國的語言而已。

但在修為過程中，會講天語但不見得就懂天語的意思，有些人是與生俱來有這種能力，可以看得到無形界朋友，也懂得如何與他們溝通。

但是因為一般人不懂，所以被視為異類，甚至以精神疾病看待；等到有一天遇到老師或神尊開啟靈覺後，整個就通了，那時就開始要履行任務及義務了，那這些人就有能力可以翻譯天語以及靈動所傳達的訊息，這是先天通靈的。

還有後天的修為也可修練達到通靈的能力；只是賦予你這能力，當然是有任務工作要你去達成，你不願意做或逃避或胡作非為，可以給你這能力，當然也是能收回。

先天靈源就是靈在神明系統的來源出處，所以你的「靈源」是那尊神明，通常你就會具備那尊神明的「神格特質」，也就是所謂的個性，個性是用來調整修正的，不是來死守的。也就是說你的靈再來到人世，是為了再吸收以及經歷更多的歷練，讓自己的靈格再升級，這等同電腦更新升級或安裝更強的外掛程式一樣。

轉靈台：

先簡單說明一下轉靈台，有人稱為轉蓮台或轉靈，是在靈修團體常見的練功方式，但一般把轉靈台當作是一種修練的方法，所以就自己轉動，那是以肉體思維去運轉，如果沒有與神尊的靈會合，效力是有限的。

轉靈台的作用主要是排除負向能量，讓靈更清明，更能接受靈的訊息，通常是在打坐或跑靈山過程中，由與神明會靈的過程中帶動起來，在靈質要提升前更常見這種轉靈台的現象。

有關轉靈台會有另篇專門介紹轉靈台的概念跟功用。

2-3再談打坐

一般人打坐的概念應該是身體要正、要挺、要盤腿、要如如不動、禁語等等，這是修一個打坐的形而已。其實打坐應該說是一種「狀態」會比較貼切，而不是坐的形式；打坐是進入一種「無雜思」、「靈安定」的一個狀態，所以「坐」是一種形式，打坐要的境界，是在「行、住、坐、臥」中都能達到打坐這種狀態的效果的。以前住台中市時常晚上到體育場慢跑，也常會進入這種輕飄飄的感受之中。因為處在專注無雜思的放空當中。

那打坐是不是就是固定的盤腿動作，其實不是的，為什麼在我們雕刻的神尊裡頭，會有各

種盤坐的姿態，因為神尊也有自己個性，會有自己的姿態，所以靈修打坐的姿勢是自在的；因為靈會感應自己靈源神尊的姿態，而做出相同的動作出來，所以在靈動，在趺坐的姿勢會隨著感應的神尊的姿態不同而有所不同。

圖中好朋友是「自在觀音」的先天靈源，打坐中就自然而然轉換到這個坐姿，當然這是她最自然舒服的坐姿了，也因為進入到與自己先天靈源會靈結合的狀態，所以自然就出現這個坐姿，打坐是很輕鬆自在的，很多人都說坐不住，會胡思亂想，這是很容易處理，只要心性定下來，只要把靈的干擾清除就可以了。

2—4為什麼要打坐跟靈動的概念

修先天靈是修一個自在，是心的自在，不是身的能耐；打坐是很多修行法門都用得到的一個動作。其實，他要的並不是坐的這個形式，而是透過打坐／靜坐而得到的那種安定／自在／空無的哪個境界。所以坐只是一個過程，並不是目的，但是很多法們都把它當成目的，尤其佛家的靜坐跟氣功更是，想想規定身體要怎樣要怎樣，結果皮癢不能動，腳麻不能動，就是身不能動，結果從開始坐到結束，心裡只想著腳麻、皮癢，請問這樣坐的效用在哪裡？

如如不動是要心如如不動，不是身要如如不動，所以修先天靈是修一個自在，是心的自在，不是身的能耐；所以修先天靈的打坐是舒適自在的，不拘形式的，重點是收心，把心的作用力降到最低，息心止念；因為在身心靈尚未合一之前，心靈是各自運作，兩者互為消長，如果心念動了，靈的作用力就降低，就好像電話機跟線路還沒接通一樣，所以打坐的作用就在使兩者有協調的機會。

我們這樣比喻好了，比如說電信局要拉線到家裡，打坐就好像是在施工的過程，線路從電信局機房連接出中繼點或到無線電波發射台，經過挖馬路，埋管路，拉管線，最後到你家的話機設備，當接線那一刻，電話就通了，可以通話上網了；打坐就好比是這個施工的過程跟作用，而目的就是要讓線路能接通，讓靈能跟其他靈或靈源相通。

剛剛也提到打坐是形式，形式不拘在坐而已，在行住坐臥間都可達到這種狀態，就像有時是加強波器，有時是架設基地台一樣，都是在施工；重點是要能上網，能通話，能傳訊息，這個才是目的，只是「坐」這個形式是比較可以控制的。有人天生就是接收器，可以直接通，可以直接透過衛星接收，這個就是所謂的「先天通靈」，不必怎麼施工，只要把接收品質顧好就好。

「後天通靈」者只好等各種線路基地台的施工完成才通，所以是看你有沒有認真施工，有沒有照進度跟品管規定施工，要通是會比較辛苦一些。

至於通了以後能怎樣？要怎樣？記住喔，通也只是過程喔；你要看你用的是平板／筆電或是手機／電腦，不同的接受器有不同的運作功能和效用，那要看你要把自己定位在哪種終端機或接受器，而靈在打坐的過程中也是不斷更新成長的，所以你收到的可能只是講話／音樂，有的人可能可以收到影片或更新程式，收到音樂的就會教你唱歌跳舞，收到影片就是可能打拳或醫療或特殊功能，這就是每個修行人不同的職責所在。

所以通了以後，還要再慢慢施工做頻率調整，所以剛開始的有的只是搖頭晃腦，若在清除機器內的雜訊的話，就會打嗝、哈欠、嘔吐、頭暈腦脹等等。接著訊息慢慢清楚了，就開始比手畫腳、寫字、寫文，再來頻率對了，就起來靈動、跳舞、打拳、講天語，甚至有的就轉靈台，重新做一次內部整理跟加裝程式的動作，透過轉靈台再做掃毒，然後進一步升級。在下篇裡會再特別強調並說明轉靈台的作用。

各種任務的人會接收不同的教學訊息及教學影片內容，所以每個人接收的法器寶物會不同，這是因應每個人不同任務而有不同，所以每個人的靈動方式，講天語方式及音調都是不同的，有些會相近但會有小差異，所以靈動天語是看接收來源的不同而不同，是沒辦法學的，不是人為可以教的，你學別人的靈動跟天語是沒有意義的，因為每個先天靈都會有自己的神格特性，可以對應到人的人格特性，透過這樣的對照印證，可以確認自己的先天靈靈源，也可透過靈的來源來對照自己的先天靈（透過定位找到發話人）；如果確定了自己的先天靈，其他正負向外靈來你就會很清楚，這是一個辨識本靈／外靈的其中一種方式。

如果本靈未與身心統合，因為還是身分未明狀態，其他外靈就比較容易入侵入體，所以打坐最好是要在有可以信任的神尊的地方是比較妥當的。但也不必然完全是，但打坐的地方一定要清爽不混雜。

一般有通靈體質的人，因為不清楚與靈源接觸活動的這種狀況，通常都會壓抑靈的活動，也因為無法確認自己靈質，都會害怕外靈卡入，所以就一直壓抑，壓抑到靈受不了，就會形成「靈逼體」，就像水管的水要噴出，結果出口被硬塞住，這個壓力自然而然造成身體跟心理的反應，當然壓力久了就出毛病了，所以修先天靈者應該讓自己放鬆再放鬆。越自在，越隨著靈的意思活動，靈會更強壯，更長大，而協助自己的身心，讓自己在人世間的過程會更順當，更減少苦難折磨而愉快自在。

2－5何謂轉靈台?轉靈台有什麼作用?

走靈修路的人大都會遇到這個轉靈台的現象，通常修先天靈的，都是靈會自己帶動，而不是因為人的思維想轉動而帶動；人的思維帶動也可，但重點在轉了以後能否交接給靈去帶動?

那何謂靈台?何謂轉靈台?

靈台也有人稱蓮臺，會稱蓮臺大概源自於「蓮花坐佛」的概念，其實是有點誤解，但是若勉強解釋，應該可以稱為「佛性台」或「神性台」。

靈台靈台，不過就是一個放置「靈」的台座嘛，就像珠寶展示放在一個台座上，看的是珠寶而不是台；好比鑲鑽石會有一個鑽石台座，我們會看的是鑽石，就像是鑽石戒指，基本上戒指只是一個形式，看的是鑽石大小一樣；又如：「身是菩提樹，心是明鏡台」，這是一個比喻的寫法，指的是：心好比是明鏡，可以映照自己；指的不是放置明鏡的那個檯子而是明鏡一樣，所以靈台靈台，指的就是這個「靈」，轉靈台就是在轉「靈」，轉靈的作用就像洗衣機在做衣服脫水，或是血液檢體在篩檢做分離術的動作一樣；所以拿掉一些多餘的裝飾（蓮花啦，八卦啦），回到源頭看清楚，就是在轉靈而已。

轉靈台通常是由靈自己或由神尊的靈帶動，所以正常的話都是不由自主地轉動，通常在沒身心靈合一之前，心、靈會各自運作，心的思維強，靈的運作力就低；心的思維降低，靈的感應就比較強，所以在打坐中，人的思維比較放空時，靈的感應就強，就會帶動；或是外在能量太強直接讓你感應，一般人都會以為轉靈台就是站起來轉圈；其實，在靜坐中也可以轉靈，靜坐轉靈的現象，一個是靜坐已經穩定，靈在轉，頭微晃；一個是上半身體跟著做轉圈的動作，這是坐著轉靈台。

另外一種是在靈動中轉靈台，這是被帶起來靈動後，很自然帶動進入轉圈圈轉靈的狀態，在跑靈山會靈中常有直接被帶動轉靈台的現象，主要是地方氣場能量高低的因素，轉靈的時機通常是在開始進入靈修靈開啟時，會做一次心靈排毒，排毒時間（療程）看各人狀況，有的隨便轉一轉，那療程就會比較久，有人就直接讓靈帶動到課程結束，那就可以很快結束轉靈的課程；再往後就是「靈」要提升的時候，會再做轉靈的動作，此時就是「排毒」加「能量灌注」。

當你轉靈完成（有的說是九品蓮花），就是輕鬆愉悅，身輕靈清，會有飄飄然或飛升的感覺。

轉靈台通常會先是順時鐘方向轉，人的想法思維低的時候，轉的會很順，但當一有人的想法，或害怕，或想停，或思考事情，轉靈的動作就會卡卡的轉不順，或開始頭量，但只要一放空思維，讓靈帶動就會回復正常，這就像洗衣機在脫水，衣服放不均勻，重力側一邊，脫水槽運轉就不順，甚至碰撞洗衣機壁，發出「ㄎ一里扣落」碰撞的聲音一樣，只要把衣服放正中讓重心回穩就好。

轉靈台的作用就像洗衣機在脫水，利用離心力的作用，將水分或其他雜質甩出，達到清淨的作用，也像血液篩檢的分離機一樣，將血液做各層次的篩檢分離，去掉用不到的或是去掉雜質，所以轉靈一樣是在做雜質分離，負能量排除的作用，可以說是神明在幫你做「清創」的療癒工作；比如說以前受到的心靈傷害，如情傷、家庭暴力、工作阻礙、不順等心靈深層的記憶，轉靈時會有清除，修復跟撫平的效果，所以轉靈它的主要作用是讓「靈」能夠「清、明、輕」。

轉靈的動作，通常都會以一腳做軸心，順時鐘轉，也會有同心圓轉或繞圈轉或跑圓的現象，也會一邊做靈動的動作一邊轉動的現象，甚至同時搭配天語在轉動，初期轉靈會比較不穩定或是因為害怕或是心的作用起來了，那轉圈就會比較不規律，甚至碰撞，所以剛開始最好有師兄姐在旁照護（照護是防碰撞跌倒）；當你開始打坐轉靈時，或轉靈中不順暢時，通常會頭暈想吐，或乾嘔的現象，如果能吐就讓她吐出來，如果轉靈未完成你硬要它停下來，就會有暈眩嘔吐的感覺，甚至整天會有暈車或宿醉的感覺，其實只要再繼續轉就可以消除這現象。在轉靈過程中如果害怕想停，千萬不要「急停」，那你會暈眩到下回不敢再轉，所以如果要停應該先放慢速度，然後左右踏步慢慢停下來，這樣會比較舒服些，轉靈轉到靈體提升時（靈體轉開了）；通常心裏會有輕飄飄會飛起來的感覺，這是一種心裡沒有負擔，是一種清泠的感受；而後接下來的就是會接妳的先天靈源來帶動你做靈動，或跳舞，或踏七星腳步，或是拳術等等，端看你先天靈是哪位神尊，祂來教什麼動作。

再來就是轉靈轉到一個層級，會有「順逆時針轉動」自在轉換的現象，可能順時針轉完，馬上逆時針轉，然後自然順逆重複轉，其實當你清完心靈傷痛後，身心自在，有的說是「上天入地」都可以了，也有的說可以「陰陽」自在來去，其實就是一個沒有罣礙，沒有空間隔閡的自在狀態而已，也是「排毒跟吸收能量」可以同時完成的能力狀態的現像罷了，不用想的太神奇。

轉靈只要敢放心讓靈帶動，那是非常舒服的，至於手拿蓮花或地上擺陣，都是點綴或裝飾，如果你轉靈還要擔心地上的蓮花會否被踩到，那你怎樣把心的作用降下來呢？靈修的是無形，何必多加一層障礙給人。真正修先天靈靈修，就只有回到簡單自在。

2－6先天靈的靈修與「靈逼體」的現象

先天靈的靈修通常都是以「無形法」，「自然法」為之，因為靈本無形，所以無法眼見手觸，呈現一種「無」的現象，「無」是相對於「有形」物質世界而言，其實只是無形無質，無法眼見手觸並不代表祂的不存在，就像是電波／音波／輻射一樣，看不見摸不著，但祂就是存在，只有當事人的接觸，才能真實感受祂的力量的存在，就像摸到電流會「觸電」一樣的感覺，就像手機平板，可以接收電波而通話、接收影像一樣。

所以修先天靈的靈動（含打坐時手書空畫符令）／天語／轉靈等等，是沒辦法透過有形師的教授而傳下來，他是不必也沒有所謂的調氣或什麼功法或陣法之類的鋪排的，他能傳的只有「精神」跟「心態」，他是不立文字的。由於太玄，所以接觸先天靈修會靈動天語後，除同修師兄姐外，即使身邊的親友也都很少提及，原因無他，太不可思議，除通靈稍可以應證一二外，這種無形無質而其他人又沒實際接觸，要說明驗證是很難的；況且牽涉宗教，又讓很多人望而卻步，因為牽涉宗教又加了一些怪力亂神的恐懼與神祕，你要叫他實際接觸體驗會有很大的心理障礙，也不太可能。這就是為什麼一些從小有通靈體質的人，被視為異類或妖邪甚至被當成精神病醫治一樣，主要原因就是不熟悉不了解，又不接觸。

由於普遍社會印象比較負面跟誤解的人太多，（現在靈修雖然普遍，很多同道中人一樣是一知半解跟誤解，為了與眾不同又添油加醋），所以很多帶先天靈質甚至先天通靈的人，大多處於將祂視而不見，排斥接觸，甚至會想辦法要把這種現象封掉，其實既是生而帶來，除非本體（人）不在，否則如何將它拿掉，所以以前的人不是置之不理，就是用「鯀」治水的方式—圍堵，其實「靈」也就像水一樣，越堵越積力道越強，所以為什麼有的人會自然啟靈，因為強到壓不住了啊，所以為什麼「會靈」時會自己靈動或爆天語，甚至轉靈，目的在紓解這種力道，如果持續一直都沒有接觸靈修行或拒絕修行，等於這些力道沒有宣洩出口或管道，祂的壓力就會產生作用，剛開始人的壓力大，產生一些身體的不適症狀而醫學又無法查明的現象，重則就如河水潰堤，到處奔流，造成損害，如各種意想不到的意外或是在事業上的虧損，身體心裡的不適等等；其實這些只是在告知你必須要接觸神佛來修行了而已，這是靈強身弱，壓力造成的現象而已。

那要如何處理這種「靈逼體」的現象呢？

只能用大禹治水的方法「疏導抒發」了，已經啟靈，引導靈做自己的功課（打坐、靈動、開口講靈語），尚未啟靈的，進入打坐靈修請神尊啟靈，並開始配合神尊做自己的功課，最重要的是把自己排斥、傲慢的心態放下，並做身心靈統合的處理，讓靈與身心和諧運作。

外頭很多宮廟借這種現象大肆做祭解，做超渡，又是祖先靈又是外靈的安撫，一大堆，其實大都是多餘的，「靈逼體」跟祖先或外靈是不相干的，進入修行接觸神尊，願意調整自己的狀態，自然壓力解除，「靈逼體」的現象自然減輕或消失，不需要什麼祭解、靈療，自己靈動就可以靈療了，神尊就幫你解除壓力了。

至於有些師兄姐說，是不是因為父母有些神尊交代的工作都沒做，所以變成他要來承擔？這是無稽的，基本上個人功果、業力、功課是要各人做各人承擔，現在肉身是你父母，下世是誰，誰又知道？靈是各自獨立運作的，即使目蓮和尚下到地府，仍不能代其母受業力果報一樣。而靈會有物以類聚及群聚的現象，所以有淵源系統的靈也常會投胎聚在一起；是會有這種現象沒錯，但是靈的功果、業力、功課是不會遺傳的，只能自己下世再做再完成。

2—7與先天靈源接觸的「靈動」

講解一下「靈動」的現象。

修先天靈的「靈動」通常是由靈與先天靈源接觸後，由神尊靈力來帶動，所以你的

靈源是哪位神尊，靈動就會是那位神尊的動作，由於是同一脈絡，而且是靈的能量作用牽引感應，並非神明借體的狀況，所以並不需要以紅綾或黃帶來保護肉體，也沒有所謂外靈入侵的問題。

由於是自己的先天靈跟靈源的接觸，為了靈的接收與訊息明確，通常靈修過程會先讓身體跟心理達到舒暢愉快放鬆的狀態，所以會先在打坐過程中做身心的調整，靈動中也會持續調整的動作，那靈動中，看哪一尊先天靈靈源神尊到來，就會有該神尊的手勢動作與腳步，並在靈動結束後會有拜禮作結束的動作。

如果接的是玄天上帝的靈，通常是右手持劍練劍（持劍方式有以劍指表示或用握劍的手式為之），左手則呈現玄天上帝的指法，腳下則是玄天的七星步，若是在教劍法，腳步沒有踏七星步那麼沉重，若是平時則會是氣勢磅薄的七星步，不同的先天靈源會有各自不同的動作，靈動完後整的身心是精神飽滿舒暢的，身體不會虛累，亦不需攙扶的。

所以要檢測你的靈動到底是否自然，你接觸的神尊是哪一尊神尊，經常靈動就會知道，所以並不需要去點靈問靈主是誰，只要你經常做功課，從你的靈動及天語中就可以知道你的靈主或你的先天靈是從哪一脈的神尊系統而來，如果你的靈動是動物靈的現象或是人很痛苦疲累的現象時，你就不會有靈動的喜悅，而是人為意識的想與神尊接觸，甚至要思考為什麼是這些外靈來跟你接觸，要想為什麼不是神來教你，是不是需要修正自己的心態了。

2—8打坐／靈動中調整身體的狀況

這是修先天靈的必經過程，靈動之初是身體左右搖動或是晃頭，然後是坐著轉靈的動作，越調整越深層，照片中在把多年積壓筋骨的勞累狀況做調整，然後起手式先行禮，再起來靈動。並在靈動中自然進行轉靈台的動作。

靈修的一個基本的概念：

神尊如果要用你，你沒一個好的身體，沒有一個健康的心理，神尊如何敢用你；如果你是一個「三寶身體」（身心很糟）的話，要如何用你，所以自己先天靈的靈修，一定會先調整你的身心，自己再配合先天靈作修的功課，一樣的靈動完會做一個結束頂禮的動作。

這個動作是很自然被帶動著做，並不是人的思維去做，因為起手／靈動／結束頂禮是一個基本禮貌，也是一個完整靈動的必然環節，這些動作都是由靈帶動來完成，並非學習而來的人為動作。

2-9說清楚「靈逼體」的原理，「靈逼體」只是靈強身弱的現象

「靈逼體」只是「靈強身弱」的現象，正確講應該是「靈帶體」，是靈要帶領身心在運作，靈逼體的現象，很多宮廟都把它當成靈體病來處理，這是對「靈逼體」的誤解。

但現象是一個果，那原因到底是什麼？原理是什麼？對於為什麼會「靈逼體」的原因，則有很多牽強附會的說法，有說是因果業障的，有說祖靈的，有說外靈的，卡陰

的等等的說法，這「靈逼體」跟卡陰，外靈，因果業障問題呈現的現象是不一樣的，這都是不了解靈逼體的原理，或有意藉此收受錢財或求表現自己能力的說法，所以對於有此現象的師兄姐可以思考一下了。其實只要理解為什麼靈要逼體的原因就可以輕鬆解決靈逼體的問題了。

一個是先天靈的形成：

人降生都帶有一個靈，他是與生俱來沒有錯，但不是每個靈都帶有天命、天職或修行的靈質，所以有些人你再怎樣說明怎樣勸，他就是走不進修行或是宗教的門，有的人他就自己知道要去尋找適合他修行的地方，因為他的靈在累世就帶有修行的因子，在累世中與神尊就有結緣（或尊或親或師），所以在今生，靈就帶有與這些神尊相同的特性，因此也可以稱為帶有「靈」的「源頭」或是「緣頭」的神尊的特質。

因此靈會有一般靈或先天靈的區別，先天靈泛指累世已在修行並與神尊結緣或同靈質的靈體，一般靈若得引導也可以進入修行提升靈質。

身心靈的不統合現像：

靈的轉世，借用的是新的肉體，肉體有身心的運作，但是是獨立分開的，在未修行前與靈的作用更是不相統屬，那哪裡知道身心靈是分開作用的？簡單的說，植物人，身是在的，但心的作用微弱，靈是不在的，所以有身但無法運作，無法思維，靈無法運作；另外，熱戀中的男女或夫妻外遇，最可明顯感受的，就是身在你身旁陪伴，心是在遠方外遇對象身上，所以說「沒有心」了，或「心不在」了，或「心死了」，但明明人就在你身旁阿，「變心」是很難挽回的，有的人上課也會常感覺到是「心不在焉」的。

至於靈就更難解了，常有師兄姐會明顯感覺睡覺時候「靈」會出去辦事，也常有自己的靈與自己對話的狀況，所以在未開啟修行之前，身／心／靈有可能是個別作用的，所以常常說修行修行，是要修「身心靈合一」道理在此。

所以在修行啟靈前，通常就是「身心」帶領「靈」在運作，這個運作就是很一般性的很習慣性的操作，我們就說是基本動作跟能力，那「啟靈」靈覺醒後，靈會開發累世儲存連結的智慧與能量來操作，他就會帶領並教導身心去做更高層次的運作，我們姑且稱他是「潛能的發揮」或「第六感靈覺」，但如果身心沒有察覺，或不願意去配合運作，沒有修行去開發智慧來配合，那就會呈現「體」（身心）被靈逼著配合動作的辛苦與疲累。

如果我們以一個業務部門來比喻，（先天靈大多是來做業務回去要交差的），身心是個人，靈是主管，靈源（靈緣或靈主）是老闆，體帶靈就好像公司有業績要求但沒有考核制度，所以業務在做比較鬆散，但因主管沒來，所以可以如此這般打混過日子。但忽然一天，老闆告知公司獲利需要提升，要嚴格控管，上面交辦任務下來，主管也警覺起來了，便重中種種制度跟賞罰，所以底下業務員便緊張了，有的業務員自制力強，可以配合主管作業，所以業績跟獲利還有薪水獎金都提升了，也可能就升官；哪有的業務員不知道警醒，想說沒什麼關係，一樣懶散，所以主管就重重壓力下來，逼著業務員作息行動，有的就知道要改了，不配合不行了，有的配合不來，於是壓力變成種種症狀出現，緊張變緊繃，憂鬱變躁鬱，最後變無法操作或是離職。

其實這些業務壓力現象就是反應「靈逼體」的現象，跟靈逼體現象是很相近的，無法操作就像事業體由靈帶領一直擴張，而身心沒有修行來配合，導致事業體運作不順，崩盤一樣，因為靈走太快，希望帶著「體」（身心）發揮，但是身心成長不如靈的腳步來的快，所以產生靈帶體前進而體無法跟上的現象，就會變成由靈逼著體走，形成「靈逼體」的現象。靈逼體的感覺就是那種業務壓力造成的那種感覺。

因為「身心靈」構成的是一個「獨立的個體」，這個獨立的個體對自己本身負責，所以不管「體帶靈」或是「靈帶體」，都是對自己本身負責任，但也需要向靈源神尊負責任，所以「靈源」（有稱靈元、靈主）重不重要？也是很重要阿。

你說一個國家，底下各種部門跟經濟體，你是哪個部門，哪個經濟體，你必須回報上繳，雖然說業務自己做好很重要，但沒有方向目標，沒有公司或國家認同，請問你做好業務要做什麼？業績好有薪獎，有表揚，公司成長，有一個歸屬感，也是很重要的；

即使你是個體戶，也是國家可以提供這個平台跟保護給你才有辦法生存，所以這是「個體」與「群體」互相依存的關係，也是先天靈與靈源互相依存的關係。

至於為什麼不是業障、因果、祖靈或外靈來逼體，因為「靈逼體」是自己身心靈的運作的不協調而產生的現象，而業障（因果），祖靈，外靈都是來自外界的干擾力量，他的影響是短暫的，而且是可以借助外力排除的，就像業務本身外面有欠債，如果是有潛力的業務高手，很快就可以賺錢還清；或是自己能力足夠，可以談判延緩或打折還清也行，也可以請公司協助排除，而外靈借體則只是一段時間而已，祖靈問題則根本與自身靈不相干，各人造業各人擔，而且本來就有拋棄繼承的制度，只是需要的人不會用而已。

那有承擔他人業力的問題嗎？如果可以幫別人消業或背業，那祖先的業力就一次全部辦一辦就好，幾輩子的一起清掉就好了，首富郭董的老婆跟弟弟的癌症算什麼？哪有那麼多祖先跟業力的問題，只有自己不願意調整不願意自己負責的問題，卡陰的現象更是負能量的干擾，也都有他的處理方式；唯獨「靈逼體」，他是自身身心靈內部的狀況，只能靠自己身心靈去協調，靠修行去警醒去調整每一個配合的細節，靠修行去成就自己的智慧能力，自己沒有去行動，就沒辦法解決，所以處理「靈逼體」的方式；就是放下自己既有的習性，重新來過，只有敢改變敢調整才能將「體」提升上來，達成與靈協調的狀況，所以說修行就是要敢「毀滅自己」。

為什麼說修行打坐可以減輕「靈逼體」的現象，因為至少有進入要走的軌道了，走入一個開始對自己負責任的軌道，而不是怪祖先，怪鬼魂，怪因果業力了。

2—10修行是不是一定要辦事？

問說：修行是不是一定要辦事？就好像問說：學功夫是不是一定要打架一樣。修行打坐就是在學功夫，學功夫的最基本的作用大部分在用來自保，學到一定程度以後，少數人用來行俠仗義，少數人用來教導別人當師父或教練，有特殊目的人學功夫的會用他去完成它的目的，當然也有些人學功夫是被用來掠奪他人能量，畢竟這是在少數。

一般提到修行，大概還是都賦予比較正向的評斷，所以修行的人，主要是增強自己能量，達到保護自己的目的，而不是去爭強鬥勝，找人較量，雖然比武較量也是進步的方法，但前提是切磋，互相提點，而不是爭勝，有了爭勝的心，修行就很難再往上提升了，這在心態上有很大差別。

靈修大多是以「無形法」為主，既是「無形」，要比較則外人難以評斷，所以修

「無形法」大多以修自己為主，只有不斷的充實自己，只有無形的靈不斷的教導吸收，心量越大，容納越多，功夫越深；至於有帶天命的，注定要當老師，無形的神明會賦予它特有的能力，是要濟世救人的，傳揚道法的。但是並不一定要開宮才能辦事，帶有天職的人，則有他獨特性的任務，不一定要開宮，但也可能要開宮以搭配帶天命任務的人辦事傳道。

其實如果神明要你辦事，自然會賦予你辦事應具備的能力，之前也提過：辦事不是開宮作法才叫做辦事，相關配合的人有配合的工作以協助辦事，這也是功果，所以辦事不一定要開宮，不一定要丟下俗事全職辦事，是以個人因緣巧合的方式處理，現在也比較強調「隨緣度化」，真的通靈人是隨處可通，到處可以辦事的，不一定要在宮裡面等神尊，重點是要傳道助人，而不是藉道害人。

很多人都怕接觸神尊修行就要開宮辦事，其實開宮辦事只是一個「形式」，開宮辦事的目的是：顯揚神道，自修渡人。修行要的是目的，不是要形式，就是要「顯揚神道、自修渡人」，隨時隨地都可以，因為已經進入「行動派出所」的年代了。

開宮只是提供修行者有一個可以靜心修行的地方，修行的目的是讓自己「身心靈統合為一」，先能自救自渡，進而濟世渡人，如果自己都沒能力渡自己，談什麼渡人助人？

所以打坐做功課是在幫自己，自己不幫自己，求人幫你，求神幫你，只有付出能量（不管是有形或無形的能量）去交換，這是天經地義的，天助自助者所言不差矣。有物質不滅的定律，只是能量的交換而已。

2—11修行，不是拜不是求

求神求佛，拜神拜佛，然後，賴神賴佛，怪神怪佛，自己卻「如如不動」，真的很奇怪，修行的精神在那裡？在於能夠跳脫原來的格局，讓自己做出改變調整，結果搞了半天，依然故我然後說「修行無用」，只能說修錯方向，修的精神是修自己，結果你是想修正別人、想要修正神，方向錯誤，怎麼達到目的，當你覺得你比老師還厲害，請問你如何學的進去，當你比神還大而不自覺，請問拜神求神何用？

修行的精神是學習，有學習的心、才能虛心接納，才能讓自己心胸壯大。

第叁章：何妨心路讓開借靈過

先天靈特質會在自己日常生活中顯現，

這不是星象、八字、塔羅牌的統計學，

而是先天的神格特質

3-1靈覺的開啟─啟靈

什麼是「啟靈」，了解原理，「靈智雙修」，就不會覺得那麼玄奇了，要啟靈，當然要先確認有靈的存在。

我們常說「身心靈」，「身心靈」的關係可以用以下比較容易懂的比喻：

身是以實體物質的狀態存在，算是具備各種功能運作的硬體及驅動程式，心則是操控這些設備／驅動程式跟整合各個設備運作的作業系統，但是單有硬體跟作業程式仍需有一個載體，可以儲存這些程式軟件並記錄運作過程及結果的載體，最後這個就是靈的作用，可以比喻成記憶體或硬碟及登載其上的軟體，並有可以加載新增的程式軟體的作用。我們可以說整個靈界是一個大的儲存槽，以前稱為「深藍」，現在稱為「雲端」，是各個靈體去體驗並記錄智慧上傳的大能量體，所以當電腦硬體過時報廢或易主時，記憶體可以拆下直接接到其他硬體，裡面資料或許被刪除或是經過被「格式化」（靈的轉世投胎），但操作者有能力還原或是可以跟雲端連線的話，則原本有的資料跟軟件就可以輕鬆下載，順暢運作，而雲端也可以源源不絕提供新的資訊或做軟件更新的動作。

簡單說，這個從雲端下載資訊或軟件的這個運作過程，就是所謂的「通靈」的狀態。所以「植物人」的狀態，可以說是只剩硬體跟作業系統，但沒有驅動程式，作業系統故障，而記憶體功能已經不存在，所以沒有軟件跟資料可以做為運作的參考或下指令，只能是最本能存在的運作；因此基本上能自行吃喝拉撒睡並且有工作能力的，可以思考作決定的，都有靈的存在，只是這個記憶體內安裝的軟件是1.0的一代程式，或是經過更新的3.0，5.0，還是10.1的最新版而已。

但是不管裡面存在怎樣的軟件資料，接手電腦的人如果不知道或不會用，再強的軟件也是枉然，所以有的人會摸索電腦內部程式資料，他按啊按的，不經意就把程式資料叫出來了，也有人把軟體叫出來了，但卻不會操作，只是放在桌面上看看，就不知那一天老師或朋友同事經過，指點一下他就會了，更幸運的他就把「網路連線」點了一下，忽然間他就連上網了，有的人程式他不會的他就想也去學，最後整部電腦在他手上就是運用自如了。

所以啟靈的形式應該說是不拘的，有的是自然或是某些事件就通了，這是「先天通靈者」。若是先天靈質很強，任務比較多的，那就要有「能者多勞」的覺悟的；有的則是經過老師指點，有的是經過不斷的學習操作，這算是後天通「道」而通靈者，也可說是「後天通靈者」，這是修來的也是逐漸開發來的，能否通靈端看操作的人是否努力去接觸？

有的人靈覺很早就開啟了，但是因為不懂和不會操作，結果就視為異類，也是很辛

苦，所以先天通靈者通靈以後也要學習「通道」（了解人世間運作的道理）。所以「啟靈」只是開啟靈覺的一個步驟，就像按一下開關讓它通電而已，那按一下的感覺會如何？應該不會很特別，除非開關設計不良，重點是啟靈後這些程式操作的學習過程，有安排時間去學習了解這些軟件的操作嗎？用心學或是兩天補魚，三天曬網呢！

那學習過程偶而你會感動，偶而會有新作品出來，有心得有喜悅了，就會有靈語或靈動現象，而靈力跟智慧是需要時間累積的，修行是靈力跟智慧要並進，是要強化自己的能力的，所以要進步的是自己，要看到的是自己，當你一直看到別人的缺點並一直指正，修正進步的是別人，你只能算是「資敵」。所以別人指正你時要感謝，因為他正在幫你看到你自己看不見的地方，但也要有智慧判斷這些「善意」是否合「道」。

靈覺已經啟動，就要「靈智雙修」，淨己意、還真道、謙卑向天地，神尊不會吃飽閒閒啟動你的靈覺，啟動靈覺就像是給你課本了，給你功課、給你任務。給你課本，是為了教會你，給你功課，是為了讓你熟練，既然是為了教會你，哪有不能教的道理，只有不會教跟不肯學的問題。

所以哪有天機不能說的道理，只有不會說的狀況，教會你了，熟練了，再給你法寶武器，你就要知道你該要去完成任務了。

所以該做的功課要做，該做的任務要去完成，不要閃了。

3－2靈修—是要修那個靈？

相信很多帶有靈質的師兄師姐常會聽到有高人跟他說，你跟某某神尊有緣，你要跟某某神尊修，或是常在宮廟拜拜出入的，宮主或裡頭的師姐，也會跟你說你跟廟裡的神佛有緣，要在宮裡修，或是說你帶有天命一定要修，但是就說要修要修，到底要修什麼？又怎樣修？又要跟什麼靈修？

基本上，宮廟團體跟傳直銷公司是很相近的，一個就是要信眾，一個就是要經濟來源（能量）以維持運作，所以一定會灌輸你公司產品非常優良，就是最適合你用的產品；至於你做的好，做的不好是另外一回事，做的好你的獲利也會在制度設計之下進了公司，或是在過程中大量消耗（捐獻或囤貨），因此工作（修行）變的很累，規定規矩一堆，戒律教條限制一堆；越來越覺得受侷限，沒辦法發揮，除非你是頂端管理階層人員，要不你就乖乖做，否則最後也只有離開一途。

為什麼會這樣？很簡單，那不是你的公司，不是你的產品，你只是去幫別人打工而已，表面上好像公司與你息息相關，生存與共，實際上則是你能量一直付出，一直消耗，就像你在宮廟裡一直幫忙、捐助、找信者來拜，結果，香火卻是別人在享用。

這是早期所謂的修，一般人拜拜走宮廟的普遍現象，所以在哪裡修？怎麼修？修什麼？都要有智慧判斷思考，這些宮廟負責人的人品修為如何？是不是真的是你的靈源神尊？這些都要經過思考驗證的。

所以找到自己的公司，找到自己出產的產品是很重要。「靈」在累世轉世的學習的過程中，也會有很多機緣，有老師有尊長，有自己出身之處，所以降生肉體之後，透過不斷學習接觸，靈會慢慢覺醒，會查知自己靈體的靈源，然後又開啟「修」（學習）的機制，透過身心的感知系統，讓靈不斷的感受，體驗並記憶，而成為累世的智慧，並且不斷擴大靈體及強化靈的能量。

那要怎樣擴大怎樣強化？只有香火，就是香火，就像公司要經濟來源，要利潤一樣，幫助的人越多，香火越鼎盛；所以要修，就是要找到自己靈體的靈源，也就是自己的先天靈靈源。

我們說「身心靈」「身心靈」，是要讓身心找到自己的靈，而不是一直去拜別的靈（神），幫別的神靈增加香火。所以靈修也好，修靈也好，只有蓋自己心中的廟，拜自己的神，修自己的靈，才能讓自己更好，不是每間廟都跑，每尊神都拜，靈山跑遍了，就是沒有自己的山頭，沒有香火、那就很悲哀了。

所以靈修要回到簡單自在的修行方式、「找到自己的靈、自在修自己」，所以要回到學習先知開悟的單純的修行方式，也沒聽說釋迦牟尼是唸了幾萬遍什麼經咒才成佛，也沒聽說老子學了什麼法術，到了幾重天才忽然悟道，也沒聽說過這些聖賢一直超渡一直做法會一直祭解的；因此，要回過頭來，看清楚自己，好好修自己。

3—3靈修—要先辨明自己的靈體，要怎樣辨明？

靈通常有分動物靈，眾生靈，一般靈，及先天靈（修行靈）；靈的分類是百百種莫衷一是，各家各派用的名詞不一，這邊以帶靈修格的靈體為主。

其實就像成龍電影「我是誰」一樣，不知道我是誰，即使空有一身本領，卻不知道歸屬何方。既然是靈修，就是接受有「靈」這個選項。

因為「靈」無色無臭無味也沒有形體，所以雖然說身心靈身心靈，但靈一樣難以被了解，因為「靈」是獨立於身心之外運作的，基本上他因「身心」的到來而降臨，卻無法與身心完全合一，所以才要修。因為如果是合一的話，他就會是很容易被察覺的，事實上並不然，所以修行或鍛鍊，才會說要修到「身心靈合一」。

那靈的作用是什麼？如果心的運作就可以操作人的想法行為，那多一個靈要做什麼？其實靈的設計只是為了體驗人的歷練跟儲存這些歷練經驗，因為靈是沒有形質，無法感知人的七情六慾的操作的變化，所以透過身心的感知讓靈感受，而後紀錄操作及處理模式，而累積形成累世的智慧，所以身心是一直替換，靈則作為記憶體功能，把經歷帶回到母體去下載並做垃圾清理及掃毒的動作；但是載回的資料，也會有錯誤資訊或是病毒參雜，因此就是要在累世轉換中，做新資訊的紀錄跟舊紀錄的更新及掃毒；這就是修行的過程，一直純化跟現代化。

因為「靈」的降臨是經過「被壓縮」「被隱藏」的，而身心則是新的載體，所以無法察覺靈的存在。因此在生活中兩者就必須一直去尋找並做「啟動、解壓縮」的動作；有的靈質較強，很快就又重新啟動（自動解壓縮），但是身心尚不知情的，無法與靈配合操作，因此被視為異類，連帶的也造成自己本身的困擾。困擾是因為不知道要如何操作，有的則會透過種種事件（點擊嘗試），讓人去尋找並「啟動」這個靈的機制，當靈覺啟動以後，會進行「解壓縮」與「連線下載」的動作，去啟動靈的運作。

很多時候是「靈已經覺醒」，而人尚不知或不信，透過「打坐」就是在做解壓縮還原與連線的工作，在打坐中獲得靈的訊息並學習靈界功課，而日常生活中修行就是在作掃毒跟做更新的動作。

那一個身心到底會聚合有幾個先天靈體？這就要看累世中的機緣，有一個的甚至多個的，通常會走入靈修這條路的，應該都是有累世靈源的；那「一般靈」通常就不會走入靈修的領域。

那要如何判別人的先天靈？

靈覺已開啟的會「講天語靈語」的，通常靈體都會自己告知，只要透過天語溝通翻譯，請教神尊。會靈動的，其實透過靈動的動作也會告知，不會天語靈動的，可以先打坐靜修一陣子後再做啟靈的儀式，然後透過打坐得知，也可以透過神尊來告知再做驗證。

那要如何知道老師講的這個靈是不是真的你的本靈呢？

其實自己是可以驗證的，人有個性，神尊也有神性跟神格，也就是神尊的「精神」跟「特性」，所以帶有哪個神尊的先天靈源，通常也都會帶有該神尊的神格特質；例如小太子則個性活潑開朗，好玩耍，中壇元帥或三太子則穩定成熟帶衝勁，作戰打先鋒，敢作敢衝，執行力強；玄天的風格則是多方慎重考慮，決事穩當負責，一旦決定則貫徹到底；觀音則是心慈心善，樂於助人，有時則容易出現婦人之仁。

所以自己的先天靈特質會在自己日常生活中顯現，這不是星象、八字、塔羅牌的統計學，而是先天的神格特質。

再者靈動中，每位神尊降臨的「動作、氣勢、腳步」會不一樣，同樣是七星步，玄天跟中壇還有觀音的動作是不同的；同樣的舞步，觀音跟九天玄女跟龍德三公主也會不同；同樣是觀音，千手觀音跟乘龍觀音還有蓮花觀音的姿勢步伐也都會不同。而靈語的語調發音，動作的手勢也都是不同的。

所以如果沒有老師或老師跟你說是哪幾尊先天靈時，在打坐中也都可以互相驗證，若是神尊告知，也可以從日常生活驗證你的行事風格來得知。

所以當你不知道你是誰時，你如何去穩定自己修行的信心，一個是耐心打坐不要急，當你啟靈後，自己會得知。修只要讓自己修的清楚明白而已，會害怕是因為不了解，不清楚，不明白，沒辦法確認結果。

所以當你在做什麼，會有什麼結果，自己都很清楚時，修行路上，你就不會害怕，也就不會受到他人的干擾或影響。

3-4為什麼要辨明自己的靈體？

修自己很重要，你到底是不是在修自己？為什麼修自己很重要？

修自己有兩種意涵：

一個是自己的品格（是品格不是道德喔）跟智慧。

一個就是修自己的先天靈。

品格是自己的品質跟格調，是自己認定的標準，他的標準甚至在道德之上，道德只是普羅大眾都可以肯定的標準值，就像以前聯考的高標／低標的一個範圍。但品格是自我的要求。

既要說修行，你就要有要求自己達於「神格」的認知，目標越高，即使只有達成60%，進境也高於他人許多，就像要上台大，你勢必設定所有科目都要超越高標以上，超越高標沒上台大也還會有政大／清大。

所以修行的標準是自我要求的問題。

另一方面則是透過肉身心智的歷練萃取智慧。

那今天要談主要是修自己的先天靈的問題，因為靈修主要就是在修自己的先天靈（本靈）。我們都知道，乩童的運作是肉身借給神靈使用，肉身要綁紅腰帶，著神服，要先靜坐等候神駕降臨，在「起乩」辦事的時候，自己的靈是退開一邊，辦事是宮廟裡的神靈在辦事，人是意識不到的，當神靈退駕以後，身體因能量過度負荷（可以說是電力超載），呈現比較虛弱的狀況，需要他人攙扶，而自己也不知道剛剛所開示的事或對什麼人開示。所以這是「外靈」的神尊在辦事，（相對於自己的靈來說是「外」），所以對「乩身」而言，並不需要很深的修行，因為神靈早已修成，「乩身」只是出借肉體。

修外靈的情形為什麼不恰當。

因為你本身是沒辦法獲取能量的，有也是少許而已，就像你在幫集團老闆辦事，你只領固定薪水，又要被課稅，又要捐贈，大部分利潤（神明的香火）歸於集團：這個也不用見怪，因為你的能力跟權力來自於集團所賦予，並不是自己培養建立起來，所以你再當「乩身」十年，可能自己仍舊只是稍得溫飽，兩袖清風。這還好，是遇到有良心正派合法經營的公司；如果遇到狗啃良心的血汗剝削公司，那真是慘。

而靈修會靈跟乩童起乩的狀況是不一樣的，因為你自己修的就是自己的先天靈，辦事的時候是你的靈與神靈相會，只是互通訊息，並沒有出借肉身，所以身心是輕鬆的。

所以靈修到底在修什麼？

就是修自己的靈，就是一個「淨我還真」的狀態，把自己被汙染的多餘思想洗淨，回歸一個簡單的自己，回到一個沒有包裝，沒有色彩的本我真實狀態。

那為什麼要修自己的先天靈？

一個是與自己靈體溝通（回復身心靈合一的認知），一個是清除靈體的阻礙點（有生鏽，有汙染的點要淨化），一個是開發自己的本能，讓靈的能力展現。當你的靈越清淨自在，那與其他神靈的訊息接收越清晰，再者讓身心靈合一，那行事言行會比較一致，不會想東做西，想的跟做的不一樣。再配合人世間修行的智慧，就可以達到清淨自在。為什麼修行會不清靜，就因為人世間的煩惱干擾太多，所以修是修一個智慧、清淨、自在，這樣你的修行就會很明確，明確就可以自在不猶豫。

之前提到「要辨明自己的靈體」，當你明確清楚自己的先天靈時，在會靈的時後你就可以知道是外靈或是本靈及靈源神尊在溝通；而重要的是，你就會開始幫自己的靈源神尊系統在聚信眾、聚香火（自己公司的業績）。因為靈就是你，你就是靈（不是神喔），會互相幫助完成任務。靈幫你就是在幫祂自己，你越好祂就越有香火。所以自己的靈會幫你在事業感情種種上讓你更順利，而不是利用你完就拍拍屁股走神。那要讓身心靈合一加速的方法就是做「人神統合」（身心靈統合），做「統合」也並不是隨便宮廟都能做（各宮廟神靈任務不同）。

一般宮廟通常是廟裡供俸什麼神，就說信者的本靈或本師就是該宮廟的某某神尊，事實上很多因此耽誤自己靈的修行。根本問題是：主事者沒能力幫你辨明自己的先天靈（本靈或稱主神），反正你的努力會變成該宮廟的香火（金錢來源），你的靈也是在助該宮廟興盛而已，本身並無法成長。唯有回歸到修自己的先天靈才能讓自己成長，這種現象其實自己的靈會清楚，這個地方適不適合繼續在這裡修，看自己的靈的喜悅或困惑的狀況是可以判斷的。

常看很多靈修團體，進廟也要綁紅帶，都要有人在旁扶助，這狀況跟乩童起乩降靈駕的狀況是一樣的（靈修之乩稱為靈乩）。如果是自己的先天靈「會」自己的靈源或是該宮廟的神靈，其實都是非常自在的，自己本身的靈體也都會保護著自己，不會有外靈侵肉體的狀況，靈的來去自己都會很清楚，「會」完靈能量增長，會很舒服愉悅；所以可以檢視一下到底是修自己的靈還是修外靈，為什麼每次靈動都是虎豹蛇狐狸等動物的靈，而不是神尊來教，那你在修什麼，這就很值得商榷了。

3-5 靈修／修靈，為什麼要修自己的先天靈

靈在一般人的概念是比較玄奇的區塊，會玄奇是因為前人留下的既有概念印象，總是非常神秘與負面，所以一般人就不敢接觸或拒絕接觸，因為不接觸就更加不了解，人對於未知或無法得知，總是抱持畏懼的心態。

靈動是靈與你的溝通，你是可以控制不讓祂動，那是「心」的作用，不必一定要用符；如果是外靈，當然盡量避免，要看來意。如果是先天靈來跟你互動，而你因為擔

心害怕而壓抑，壓抑久了內在的壓力還是會出來，就會出現「靈逼體」的現象。「靈逼體」是透過壓力狀態讓你不順遂而去尋求幫助解決，達到讓你覺醒接受的過程，你接受了就會豁然開朗，事情也會平順會更好，這就是一般所謂「磨難」或「魔考」的作用，其實只是要提醒你時間到了，你身心有覺醒，找對地方進入修行狀態就可以，否則他還是會引導你繼續找到對的地方。

由於先天靈也是有分中西儒釋道回，會各自找到讓靈舒適的地方，並不一定是道派，但通常會常接觸的就是了。

修自己的先天靈，是開啟自己的智慧，讓身心靈合一，靈得香火提升，身心得福慧；先天靈就是你自己，是來助你的。

佛教跟傳統道教是不講也不修靈的區塊，也不熟悉靈修的作用，大都當成外靈或邪靈處理，不盡然正確。到底是不是自己的先天靈來跟你互動，自己會有舒適或不舒適的感覺（也就是正負向的感覺），負面的當然會吸取你的能量，阻礙你的生活，這時就需要溝通請其離去或收伏；正向的則有助於你，是要來跟你配合或共事的，你可以表示接受或也可以拒絕，可以溝通的，神明可以居間溝通協調。

先天靈啟動，是要告訴你，祂想要接受香火，祂已經覺醒祂來這世間的工作要開始做了，祂就會提醒你的肉體思維來接受。基本上先天靈是來跟你一起發揮的，是來助你的，你過的好，祂也才能過的好，所以祂會開啟你的智慧，也會幫你排除一些無形的干擾，讓你生活工作平順，並引導你開始修行，這樣祂才會有香火，才有能量去助你跟助人，祂也才會有業績以後回去交差。

修行不是丟下工作家庭親人，丟下身邊的一切，而是一邊與神靈接觸，得取生活上工作上需要的智慧與能量，一邊修正與家人朋友的相處跟工作態度方式，讓生活更好，這才是修行的真正用意。如果拜神拜佛，卻捨棄家人，工作生活越來越苦，那是沒有智慧的修行，也是外靈修行常有的現象；有的外靈一樣會助你，你得有形財，祂得香火，也可接受。但有的外靈只是要你的的香火跟能量，並不是跟你一體的，所以導致你修行壓力越來越大，錢財越來越苦，那修就沒有意義了。

所以有機緣可以來深入了解一下，事情都有其多面性，不了解才會害怕，認識了你的先天靈，你會很樂意跟祂互動，就不會害怕了。

3-6何謂靈山？何謂啟靈、點靈、醒靈？

靈修已經成為現在道派的顯學了，不管修什麼，拜什麼，都要跟靈修扯上一點關係。常看一些跑靈山的師兄姐，帶了滿是蓮花跟道具，在那邊擺陣練功，但是可能對於自己到底是修什麼樣的靈，還是修自己的先天靈一樣搞不清楚。

也有些人對跑靈山，會靈、靈動、天語、領旨等等很不以為然，不以為然當然是因為不能理解跟對真實性有一些懷疑，所以靈修還是要有實修實證的人，才能體會這些行為；畢竟「靈」是沒有形質的「智慧生命體」，要用有形的語言文字來形容，確實有相當的難度，只能用比較貼切的比喻來讓大家領受。

跑靈山跑靈山，到底是跑什麼?有人說靈山在自己心中，何必到處跑，這種說法也是沒有錯的，那到底何謂「靈山」?靈的山在哪裡?

那我們先看何謂「山」?山—高遠深廣，經由堆疊而成，所以稱堆積如山；山也常為雲霧所迷，處處生機，也處處危機。山一般是礦藏資源的所在，也孕育豐富的生命，藏寶也往往藏在深山之中，我們就定義「山」是「藏寶庫」，所以要用「靈山」來做為靈力累積蘊藏的所在地的名詞，「靈山」就是靈的藏寶庫。

所以為什麼要跑靈山?

一是靈的生命力開發，二是尋寶，三是藏寶。靈山是「人」的智庫，是「靈」的法跟寶的藏經閣；所以要會靈，是讓不同的靈的生命能量交流，學習，成長，壯大；所以會得寶，因為靈山就是寶山，大廟大神，源頭能量強，山大寶多，資源豐富，可以教，可以助，可以給，個人修行，則不斷累積能量成就自己的小靈山，功夫是要一點一滴累積的，所以跑靈山可以挖寶，可以得寶，就像去政府單位爭取補助一樣，但是稍不小心，也會迷失在山中。

至於啟靈（起靈）、點靈、醒靈，基本上是一樣的東西。就像腳踏車，文雅一點又稱自行車，俗一點稱鐵馬，也有人叫他孔明車，其實指的就是腳踏車，因為地方差異而有不同名稱。

而啟靈也是因為各個修行門派不同，而賦予不同的名稱，（一是標新，二是要與眾有別，總不能開宗立派了，還用的跟之前一樣的東西，誰理你，搞的修行人就很辛苦也霧煞煞），一般說用「啟或起」，是就比較直接，用「點」就比較高深一點，用「醒」可能就比較容易明白。啟就是打開，開啟嘛，窗戶打開，屋內跟屋外的空氣就可以流通；電源開啟，機器就可以運作了，叫人起床，人就醒了阿；白紙中有一個點，就特別明顯，有點就明了阿，而且非常醒目。所以點名點名，把名點明了，張三就張三；李四就李四，清清楚楚。所以基本上就是把靈叫醒了，讓靈清楚運作，知道自己是誰，是從哪來的作用而已。

明白點說：

1・辨明靈體，讓沉睡中的靈體醒來運作。

2‧讓自己靈體（先天靈）與靈源（主神）開始接觸。

就像瓶中水打開瓶蓋，原來獨立的水開始跟大氣中的水氣相連結，然後蒸發（最潔淨原始的水分子）後再與空氣中的水氣融為一體一樣，最後凝結成水滴降雨回到大海又是水。（所以修行是要修到與神有相同的品質，其實本來就相同，只是被遮蓋汙染了，所以要「修」回原樣。）

如果說靈是水，那人就是一個容器。

水蒸發了，其他液體也可以進到這個容器來，如果這個容器亮眼好用又有質感，當然會有很多液體都會想要裝進來。所以啟靈後也要預防其他靈體入侵。預防入侵可以怎樣做

1‧要做的就是流出流入量的控制，避免空瓶（有神尊守護）。

2‧瓶子標註液體名稱，要補充液體時比較不會加錯。

（肉體與先天靈名稱註冊登記就是人神統合，就像把房子登記所有權一樣，其他靈體不能也不敢入住，入住也可以合法驅離。）

3‧當然要標註前要把瓶子先洗乾淨。所以要做「淨靈」「祭化因果」等清除干擾源的動作。

所以靈體是與生俱來（先天而有），只是沉睡沒運作而已，是先天的靈（主靈），

點靈是讓你知道自己的先天靈是具備那些神格特質，啟靈是讓你的先天靈醒來開始與靈源（主神）去連結，然後取得主神那邊更強的能量與資源，讓自己清楚的修行跟調整。

所以跑靈山／會靈主要是去取得能量資源（靈山裡挖寶），去得到神明給予的助力（申請資源補助或工具），然後儲存累積在自己的小靈山（本靈能量的擴充），有朝一日自己也可能成為大靈山（其他人來會靈，有能力給），當然已經啟靈的在會靈上比較能清楚得到能量資源（啟動接收功能了），就像拿到申請表格，知道要去哪個單位申請，及了解申請流程一樣。沒有啟靈的得到的資助（接收力不強，不了解申請流程運作）比較少，所以沒辦法靈動起來，無法開口也是正常，因為接收力跟能量都不足，只有自己多做功課補上來。

3－7認識「會靈」，為什麼要跑靈山會靈

關於修行，有人講了很多境界，用了很多深奧的名詞，讓人看了一頭霧水，怎麼看都看不懂了，怎麼修？還有人說天盤轉到哪裡了，地盤轉到哪裡了？講得滿天神佛，能通天能鑽地，很了不得了。那到底還要不要跑靈山會靈呢？

其實不管天盤地盤或是方盤圓盤，其實只有自己這一盤，你能轉動的，只有自己。所以，你只有自己這一盤，把自己的盤看清楚，操作好，天盤地盤都是你的盤。

所以自己要不要修？怎麼修？只有遇到事情去了解它的原理原則，你就能修得清楚明白，修的快樂自在，修只能修自己這一盤，天地不會配合你轉，你只能轉動自己去融合於天地之間。融合了天地都是你的。

那要不要跑靈山，會靈，只要了解會靈的原理原則，你就能思考你到底要不要跑，要跑那些地方比較好了。其實「會靈」「會廟」就有點像一般宮廟的「進香」，只是「進香」的性質是跟著拜拜（拿香跟拜），出去遊覽一下，會靈的性質則有點像「業務報告」跟「教育訓練的進修」。

會廟，我習慣說「跑廟」，正確應該說是「會靈」，會靈的作用，就是類似回到原來老師（或母體公司）那邊，去做複習／更正／學習新知／做教育訓練的作用（自己要修的）。我們的先天靈都有其原所來處，就好比我們的靈是分公司或子公司，或是其中的一個業務體，那有原來的母公司或是總公司；分公司原來開張立業的時候，資源是來自總（母）公司，因此分（子）公司要有業績跟收入回饋總公司。總公司也會有新政策佈達，所以會靈就類似回總公司做業績報告（辦事的功果），做業務檢討，更正更新資料，順便接受教育訓練充電一下，也做新工作任務的分配協調的動作；那有時也會到其他分公司或友公司做觀摩學習交流，有些業績是需要互相配合，共同合作完成的，或是借助其他分公司友公司之力去達成。所以很多領旨、領令、領法器、寶物都是在會靈中完成；因為公司的獎懲、佈達、表揚或工作協調都會在會議進行中完成。

所以通常會靈是比較有往來同系統來源的宮廟，或是辦事需要常合作的宮廟，（就像跟其他宮廟神祈配合辦理道務或是類似做「城市交流」）。因此，跑靈山並不是比跑多間的，跑到不熟的或是能量不足的宮廟（業績不好的），可能你的能量就是拿走了（被斬稻子尾）業績都算到別人身上了。

靈動也不是看著別人動就跟著別人動，靈動的動作是有它的意思的，就像是業績報告的方式，別人跟你的報告方式是不同的，所以平常沒在做功課的，沒業績是不用報告的；有的還在見習階段，也不用急著表現，只要做自己該做的範圍就好，沒感應就沒感應，誠實面對自己的感覺就好，不用比較。

所以會靈是會自己的母系統跟配合辦事的系統而已，因為只有這些系統會提供資源（能量）給你，就像你是傳直銷的經營者，母公司會提供所有產品資訊及教育訓練課程，去到其他家公司，你不過也只是消費者而已，所以同樣是人壽保險公司，你不可能是幸X人壽的業務員，然後拿著業績跑到南X人壽去報，如果是這樣，那難怪幸X人壽要被購併了。

像我的系統是無極至尊跟三清道祖還有五母的系統，我們比較要跑的是五母的總廟或是比較興盛熟悉的分廟；像玄天上帝就很多分脈，並不是所有分支都去跑去會，我們比較跑接天宮跟北極殿的玄天體系；中壇元帥也是眾多宮廟，像慈惠堂底下那麼多分堂，也不見得互相來往一樣；因為不熟的分公司或其他系統的分公司，跟你可能是業績競爭者，不見得會幫你，甚至可能有阻礙，或是空殼公司也有可能。

所以盡可能會跑相同體系的宮廟「會靈」，而不是有廟就會，有靈就會。也難怪很多會靈跑靈山的人，跑出很多問題來。

修行要長智慧，要有智慧修。

3—8領旨？什麼是領旨？

以靈修體系而言，會進入者大都帶有先天靈的靈質，透過打坐修煉有機會打開通靈的能力；而先天通靈者則是在一定機緣下自發性通靈，不一定透過打坐修行。那會有這種體質的人獲得神明給妳這個能力，通常都是帶有任務來轉世，所以最終還是會要執行並完成濟世助人的任務。

雖然有能力了，但要處理這個任務還是必須得到印證跟認可，這個認可就是要「領旨」，領旨就好像是拿到證照一樣，像會計師／建築師／技師／或各類乙丙級證照或甲級證照，這樣去執業，等於有政府背書，領旨就好像有神明肯定跟背書一樣，比較不會去卡到或傷到自己（不會類似密醫或其他違法犯紀）。因為領旨就好像讓你再次熟悉辦事的程序或各類禁止事項（熟悉法規及品德教育），這樣比較不敢隨己意胡作非為，遵照神明旨意就比較能正念行事，比較不會毀了神明威信。

而領旨的方式，有的會在睡夢中發旨給你，有的會告知你要領什麼旨，去哪間宮廟領旨，有的則在會靈靈動中自然而然就接旨。靈動中接旨會有接旨的動作，在睡夢中接旨或靈動中接旨是比較自然，不會參雜人為思維在其中，是機緣成熟的狀況，是神認同，靈／人也願意也具備能力，透過神尊告知也是，若是經他人告知，則比較會有勉強或人為意識的可能性。

3－9何謂：旨／令／印／法寶，領與接都要順天應人

有無相生，人身何妨心路讓開借靈過

孔子在易傳繫辭上講到：形而上謂之道，形而下謂之器。道為無形，是超越形體的限制的，故稱形往上謂之道，但道有其脈絡可循，稱為道「理」；器則有質，依附於形體，成住壞空，有時而盡。是質就會有量，所以稱質量質量。那有量就會有增損的情形，並依所需而變化。

所以靈為無形質的能量體，依道而行。而人是有實質物體的載體，也就是有形，有形就是器，是器具基本上就是一種工具；人的身心乃因運「靈」修行的需要而生。「人」是「靈」修行的一樣工具，身心修行只一世，靈累世修行，如果可以，何妨心路讓開借靈過，配合並助靈修行。

你說天上天下，有形無形，如何借靈修？其實，所謂真理，就是「法則一致」，人道自從天道，天上天下法則是一致的，道理是相通的，依道，依自然法則而行，修身心合道則與靈相合即是。

靈既是無形，所修也無形，藉人身心感受以了解人世間種種感覺，藉以感受儲存渡化所需的各種方法，能力與資源運用，所以累世有修的靈轉世後也各有其功課，並與神尊配合，以達到渡化的目的。

但是本身的靈並非已經成就的個體，尚要轉世修行，所以必須依賴神尊系統給予相當的能量與許可作為助力。因此，在修行辦事過程中，旨／令／印／法寶是應該要且必須要有的，尤其是靈修者，更是常會遇到要接旨令的狀況。

基本上，旨／令／印／法寶都是無形的，因為辦事是無形界在處理，而不是人在處理，人只是神尊的工具，而需要這工具，也是因為要處理的是「人」的問題。事實上不管你有無感覺，你領的旨令種種都是無形的，但一般人是無法感受或看到，為了取信於人只好「實體化」，所以要把「無形」化為有形的物體，才會有我們看到的玉旨／懿旨／法旨／文疏─等等牌匾。

一般靈修者有帶天命天職者，通常在打坐或跑靈山會靈靈動的過程中，自然會感應或做出接旨令的動作，這是自身靈的感應而做的動作，會做出這些動作，通常是靈已經準備好或具備這種能力。只是人身（肉體）還沒有做好心理準備或因為害怕而不願意，遇到這種狀況，除了勤打坐之外，也要做心理建設。

通常會害怕辦事的原因：

一部份來自坊間的對宮廟神壇不良的刻版印象。

一部分則是怕自身經濟能力尚且不足，無法全心投入而做不好。

另一部分擔心自已辦事及接收訊息能力不足，害怕幫神尊傳達有誤而造業。

其實只要心正意正，心清無雜務，傳達上都不會有問題，而且除了代言人的傳達之外，其實神尊的波頻也會震動問事者的靈的波頻（靈的傳達跟接收都是依賴波動的頻律），讓問事者的靈接收到神尊正確的訊息，除非代言人心念偏頗或是有意誤導，否則要誤傳的機率是不高的。

至於常有老師或師姐告訴你說妳要接旨接令了，如果自己心中老大不願意，就不要勉強，因為勉強了變成自己心中的罣礙，也可能阻礙修行，但其實你靠近神尊，可能你的靈早已接了，何必受制於人的思維。

所以修行要快樂修行，有感應到什麼做什麼，自己沒感應就不要勉強做；因為靈該做的靈早已做了，只是你的身心（肉體）什麼時候要跟上靈的腳步而已。

那何謂「旨」，我們說宗旨宗旨，「旨」是一個中心思想，是一個長期而且比較穩定的狀態，也可以說就是一個比較長期要做的工作，也是一個許可的認證及能力的證明。就好像公司執照一樣，認證你可以合法執行業務，並登錄你執業的項目，並且要你依照這個業務的中心思想去做，不能偏離。所以靈的修行就比較是修正中心思想並提升，所以你領旨可能是靈療的，可能是點化啟靈的，也可能是傳道，或只是收驚等單項業務。

那所謂的「令」就比較具強迫性或時效性，可能是短期要做好，或是單一任務事項的執行，所以通常令都帶有「命令」或「指派任務」的意味，所謂「軍令如山」，有令的部分感覺都會比較嚴肅，所以「令」也是賦予執行者一個比較正式的交辦的義務跟權力，而且是在期限內完成某些特定任務的。

所謂「印」，是一個權力的認證。就好像古代的官印，或現在職銜章一樣。印代表個人能力的認證及對外指揮命令的認證，它賦予領印者權力並到各個機關通行的認可的標誌，就像公司印蓋上去或宮印蓋上去，代表公司或代表宮去執行任務，所以領「印」者通常有執行及自行決策的權力；而領「令」者則比較是依令行事，少有變化。

至於「法寶」則是配合辦事任務所需所給予的配備，或是獎賞提升所給予的特殊配備，當然這些「指／令／印／法寶」都是無形的，不必為形象所拘執，也不必強求或排斥，也不必懷疑自己是否具有這個權力資格，該你辦事時，這些能力自然就會出現。

這些不是人的能力是靈的能力，神尊也不會讓你沒練功夫就出去闖蕩江湖，有功夫（先天通靈）不會用，就是自己智慧未開，或還沒找到老闆，或是沒找到屬於自己的公司，或是自己害怕不敢開公司，先靜下來，把自己目標明確。先將信／願建立下來，而不是害怕閃避。

人身幾十年，靈千年修行，何妨心路讓開借靈過。

3—10領旨了，能不能退？

修行是跟神修不是跟人或跟宮修。

我們常常以人的思維去考量靈的事，但是並不是每個靈修者都可以跟自己的靈溝通，所以往往靈需要去做去辦的事，都被人的想法思維所侷限而裹足不前，你領旨了，表示你有那個能力資格處理，其實不經意中你都已經在辦事了。

領旨了辦事是天經地義的事，深入「修行」才知道靈要辦事，是你人的知覺覺醒，你不知道你的「靈力」已經運作多久或是先天帶來怎樣的能力，所以有的師兄姐，就已經能看到自己前世了，或是睡夢中夢境都能預知了，對事情的感應也很強了，但是就是不敢接受要辦事的事實。

實際上，大都是被辦事的形式所拘執，以為一定要在宮裏面有神尊的地方才是辦事，一定要用硃筆寫黃紙才具效力。事實上，當你對情財病劫關卡有所領悟時，很多人就會來請教，問你很多相關的疑難，此時你就有能力去幫人領悟、解脫那個痛苦疑難；也有很多師兄姐會感覺莫名其妙很多人遇到你都會想跟你親近，向你吐露心聲或一些苦水，其實這就是在辦事。

一個目的是讓你熟悉你所領悟的以及讓你熟悉度化的方式，所以現在是已經進入

「隨緣渡化」的時代了，不一定要開宮，沒有固定形式。

以前顧宮廟，綁在宮廟，依宮生活的型態及心態可能需要做一個調整了。很多師兄姐該辦事了，但就卡在這些舊概念裡而排斥去做；另一個原因就是慈悲心做祟，怕自己傳達錯誤誤了信眾，要說它是藉口或理由其實都可以。為什麼說都是以「人」的思維在思考「靈」的事？

會領旨，其實都是靈已經有所主也知所主了，通常人自己也都已經知道了，到底是菩薩，是九天，是濟公師父，還是龍德公主等等要來辦事；或是自己到宮廟去會靈感受一下也會很清楚，其實人自己也都知道，但是就是怕，「怕」是人的想法。旨令（證照）會給你，不可能是你拿財物或塞紅包去換的，都是你具有那個能力才會給你，要你去做，所以你唯一的課題就是「靜坐」，靜坐靜坐靜坐，靜坐的目的是要你把人的思維降下來，也就是把「心」的作用降低，改用感受的，感受靈與神的接觸的感覺，用靈去接收，而不是用心去想，不要加入自己的想法看法，就能清楚接收神的訊息。

所以已經該辦事的師兄姐更應該去體認「收伏其心」的重要。

其實神尊訊息的傳遞，除了代言人之外，也會透過波頻的震動去校頻信者的靈，即使代言人有所不足，信者也會感受正確的訊息，所以代言只要正心正意正念，如實傳達，通常都不會有誤。有誤就是人的心念起來了，所以不應該拿怕不準或沒準備好做為逃避的藉口。

也有師姐在問，以前在哪個宮裏修，在那邊領旨，後來宮的主事者以利益為先，辦事都變調所以離開了，那是不是領的旨要歸還，要退回去嗎？

首先要認知，並沒有那個宮能夠發旨令給你，發旨令給你的是「神尊」，不是宮或宮主；你修，你辦事是幫自己修替神明辦事，領的是神尊的旨，你是跟神修不是跟人修，離開宮或宮主並不會離開神，神也不會離開你，所以無須也不必去宮裏歸還旨令，就像你在某某事務所或醫院工作的期間，去考上了護理師證照，或代書，律師，會計師執照；但是原公司待遇不好或業績滑落，你覺得沒前途了要離開了，你需要把證照退給這個公司或醫院嗎？不用的，你有這個能力，到哪邊都可以工作，只要你不離開這個專業。

也常聽到師兄姐離開原來待的宮廟，被恐嚇說會被神明懲罰，我常想到底是神還是鬼？會這麼機車，原來是人（宮主）啦，人才有這樣的思維，所以要搞清楚你是跟神修不是跟人修？神無處不在，你心在神就在，有在修，有做好自己做人的生活工作本分，沒有神會管你在哪裡修？或待在哪個宮廟修的。

那到底旨令能不能退？從來只有政府考核你能力足不足以勝任工作所需，還沒有聽說個人考核政府的，你領了執照不用，能力原在，太久沒用能力失去了，又沒有回訓就把你證照取消，你變沒辦法正式工作，沒有業績被降職調職了，生活變苦了，再來哀哀叫說「靈逼體」，這是哪一國的道理？

3-11靈修靜坐，如何避免外靈入侵？

到底要在什麼地方才可以安全的靜坐呢？一直不希望「靈修」被視為「怪力亂神」，所以希望透過「講白話」的說明，可以清楚讓大家了解有關「靈修」種種關節的疑慮，我是不是可以在哪裡打坐？這是常見師兄姐的問題，有在打坐修行的人，也常常會聽到這樣的告誡，靜坐不要隨便地方就坐，不然很容易走火入魔。

所以靜坐最常嚇人的應該是「走火入魔」，也就是所謂的「外靈入侵」的問題。因為是靈修，所以靜坐也就關係到靈的問題；通常練氣功，練瑜珈也都會有靜坐的需求，但練功主要在於「思緒集中」，還有透過「意念導引」讓氣運行。所以在正常情況下，到處靜坐影響還不大。

但是靈修靜坐，因為要放鬆，放空，讓靈自由，甚至讓靈出竅，所以身心就成為一個「不設防城市」的無防衛的狀態，因此，外靈入侵的機會就成為可能。

打坐的時候，就好像電燈通電，靈體成為一個發光體，會吸引附近靈體的關注，這個空間包括正向／負向能量的靈體都在（就是好壞人都在看），所以如果沒有「守護神」或「守護靈」守護，雖不必然會出狀況，但也有可能就真的會出狀況。

所以，要怎樣打坐才安全：

1・在宮廟或有神尊可以守護的地方。

2・呼請自己的守護神（靈源神尊或常拜拜的神尊）或先天靈。

3・家中安神。

4・做身心靈（人神）統合。

為什麼要有神尊在，我們這樣說啦，我們稱祂為神，表示至少我們認同祂的能力／智慧／能量都比我們強，能夠保護我們，給我們幫助，所以我們尊他為神。一般神尊都會在宮裡，或是自己住處有安神都可以打坐。應該這樣比喻會比較清楚，神尊就好比現實社會的警察，各級宮廟就好像警察局，他有政府賦予的保護人民的責任，有政府合法配發的武力跟工具還有人員，而且警察是有制度的，層層節制的，是可以信賴的，他會有警政署／各縣市總局／分局／分駐所／派出所等等，這就好像宮廟一樣，神尊有靈源有總廟、分廟、分靈，神尊也會有三線三星，兩線幾星，像署長／局長／分局長／所長之類的；即使有惡人，進到警所，也是被管制或拘留，使不得壞一樣；你進到警局，至少心裡是覺得安全的，不受干擾的。所以在宮廟有神尊的地方靜坐是安全的。那如果不在宮廟，那就要在家中安神，家中安神就好像是設「警民連線」或是安裝「保全系統」一樣，雖然不是24小時都在，但是有預防及必要時「即刻救援」的功能。所以安神是可以比較安全的在家中靜坐。因為神尊也都有其宮廟的靈源，需要時是宮廟神明在協助。

這是運作正常的情形下，但是也會有些意外，警察也是有「害群之馬」的情況，單位越小人越少越好上下其手，也有鞭長莫及之處。就好像有些神壇進去的感覺會起雞皮疙瘩一樣，就要小心了；但越接近中央，單位越大，要出岔的機率就比較降低。所以盡量往大廟或管理完善的宮廟靜坐，再不然就是家裡面安神。要打坐時呼請一下守護神守護，這樣比較妥當一些。

當然如果你是「李X杰」或「甄X丹」那就可以自己到處走了，因為你本身「能量夠強」，可以一次一個打十個，當然就沒有問題，所以自己能量夠不夠強，是一個重要關鍵，要夠強當然是要勤修煉，那因為是靈修的靜坐，不是練功夫，練氣功，所以打坐盡量身心放鬆，放空，闔上眼，姿勢也自然舒適就好，不要觀想，不必要求到什麼樣的姿勢，不要用意念導引，做久了痠麻痛癢，就要調整姿勢到讓自己舒服，不然整個打坐過程就在想腳痠腰痠想要上廁所等等。如果打坐過程心思都在想這些，哪也枉坐了，所以只要靜下來感受與靈接觸的感覺，隨著靈的感覺走，有念頭，有影像，就讓它過，不要去追。

至於「人神統合」，就是做所謂「身心靈」統合，身心我們可以明顯接觸、感覺，但「靈」通常獨立在外運作，所以做「身心靈合一」的「人神統合」有助於本身的安定，因為需要做「辨明自己靈體」的過程，這個再另篇做詳細說明。

那有人說坐下來，靜不下來，這也有方法可以處理的。

一個當然是本體要淨化，另一個是要清除干擾源。另有篇章說明。

3－12修先天靈不用打坐靈動嗎？

這是最近有看到的說法，說是靈修是不用打坐靈動的，其實這應該是把「先天通靈」跟「修先天靈」混淆視為一件事的關係。

會進入先天靈靈修的人通常都是帶有先天靈質的，但不一定都是先天通靈。有的是透過打坐修行才漸次把通靈能力找回來，也有後天修行透過「通達道理」而通靈的，就是帶有天命天職，但沒有先天通靈的狀況。

也有先天通靈但是搞不清楚靈體跟使命的，所以就需要後天修行來補，一是理清靈體及使命，二是修智慧以助靈體發揮。

就像一個天線或接收器，有的是直接天線光亮，頻率正確，所以直接可以接收，有的天線就是生鏽啦、被破壞轉換頻率了，有的是靈未開啟或被塵事所遮蔽破壞（比如小時家暴，被欺凌，被破財，情傷等），因此需要做修復及療癒的程序。

打坐／靈動／天語／天文／轉靈------等等，這些動作就是在做擦拭、去鏽、修復及調整頻率的動作，慢慢祂就回復光亮及調到正確頻率就很好接收了，此後只要偶而做保養維修的動作而已。先天通靈者就是這種現象，只做這個保養、校頻及維修的動作，所以是不需像初進入修行者那樣辛苦。

像我個人剛踏進靈修時，每天打坐靈動都要兩個小時以上，以後就逐次一直減少，現在打坐只要20-30分鐘，或靜或動都有。所以靈動是修先天靈的人大部分都會的過程，不只是師姐（女人）會，還有師兄（男人）也是。應該是說修先天靈的「人」都會，只是你需不需要動而已。

靈動有它的功用跟目的，大多是靈在帶動，不是氣動。那動是不是自然在動，那就應該定義「自然」就是不加人為意識，不是人想要動然後用意識意念去帶動或是氣動；打坐靈修它會動靜交替，這是陰陽平衡的原理「純陰純陽」都不成太極，打坐靈修時的動靜，靈祂會自己帶動平衡，動對修有它的必要，主要是調整身體及打通氣脈，靈帶動就讓靈自然帶動就好，處理好自然就不會再帶動了。

先天通靈者則無需太多累贅，並非所有帶先天靈的靈修者都會通靈，也因任務不同，會有不同接收程度，所以靜坐靈動也是因靈而異（因人而異），沒有標準動作跟SOP流程。

人修智慧，靈修神力，相輔而成。

至於人是否分類？佛說眾生平等，皆有佛性，基督也說都是上帝的子民，到底有無分類，應該說是累世修行的成果不同，所以靈質有高低。就是說「眾生平等」是機會平等，但是修行程度會有別，就好比說人是一個容器，有人先天裝了滿滿的靈質，有人正在努力修行，繼續在自己瓶中加裝靈質，有人卻做惡一直在消耗原有的靈質一樣。

3—13看懂「先天靈靈修」——簡單自在，道門中的禪宗

佛門的禪宗，在佛教盛行的年代，也算是特立獨行的一個支派，一般的認知禪宗是「不立文字、教外別傳」，偏重在修「明心見性」，在自性上修，而不在教法經典中太多著墨，所以禪宗沒有經典，沒有科儀，只有膾炙人心的「公案」，它強調的就是從日

常行住坐臥中去領悟，所以有棒喝，有喫茶去，有拜佛去，沒有制式規矩戒律，禪宗著重的是漸修，頓悟，重點在悟。它的方式還是回到原始修行透過「靜坐參禪」的方式，最廣為人知的就是達摩的面壁。以佛教而言，釋迦牟尼也是在菩提樹下透過靜坐修行得悟的，所以禪宗的修行方式是最接近釋迦牟尼佛開悟得道的方式，因為釋迦牟尼那時也沒有佛經，也沒有科儀法會，但是透過心靈的開悟是可以成佛的。

了解為什麼禪宗不立文字嗎？

先天靈靈修就有如「道門」中的禪宗，真實講祂應該是不歸屬任何教門的，很多朋友來我宮裡，都說不像道教，只有神尊是，所以我也常跟朋友說我是「道法禪修」。

修「道」悟「道」，用接近禪宗的模式，禪修是一種方式，參禪是為了悟道，先天靈靈修也是回到古老「打坐開悟」的方式。但是比禪宗特別的是「靈」的區塊。不管神尊或先天靈，它都是無形無質的，祂就是無極，無極也就是無形，既然無形無質，你如何去說明描述，祂只能讓你自己去體會，實際接觸後的感覺，讓你在其中領悟。

所以為什麼很多人無法接受靈修的種種現象，原因無他，沒有人能真切說明並去驗證，而他人因為沒有實際接觸所以也沒辦法體會，因為先天靈靈修，主要是「靈跟靈」，「靈跟神」的接觸，而不是物質跟物質的接觸。所以我們可看到的形式或任何科儀都不是靈修必須要的，就像禪宗不會要求強調誦經做法會一樣，著重的是「實修、實證」，如實作、如實修、如實得。

所以像我也只能將經驗提供出來，將會遇到的「現象」做個說明，但是你是否就會遇到跟我相同的現象呢？或是必須依我說明的方式去做呢？不必的，其實大致上只能參考而已，同樣的現象因為會有個別差異，無法全部涵蓋。

再來，文字的描述是「有形」的；有形的物質就會因角度立場而產生不同的「見解」，看到不同面相有不同解釋，事實上也很難全面性的描述，因為「有形」就會產生界限，會把得到的感覺侷限住了，而事實上祂是無限無止的延伸出去的。可能我的感覺描述只到某個界限，界限外還有更多的現象存在，所以也不要被我的文字侷限住了，靈的空間是無限寬廣的。

所以在靈修而言，人只能點，沒辦法教（沒有人師），只能由無形師教。通靈者說法也是神尊透過通靈者傳達，實際上也是無形師在教，所以先天靈靈修是非常簡單自在的，沒有太多繁文縟節，沒有宗派儀式或文字知識，要的是精神不是形式，是「精神」。

為什麼禪宗不立文字，只要「心領神會」是有祂的道理的；因為典籍基本上有文字上的限制，儀式有祂的型制背景，「道」是被侷限的了。

這是除了因文字有不能看懂的「文字障」之外，更大的障礙是「認知障礙」，只有

在典籍之上超越典籍，只有在儀式之外超越儀式才有辦法超脫，否則修行也被侷限在有形之內。

所以開悟很重要，悟道開智慧，道是無止無盡的，智慧也是，靈修也是要把「心量」修到無止無盡而已。這也就是佛教上講「心包太虛」的意思。為什麼？因為在迷宮之內只有迷，跳脫在迷宮之上就能了然，「心」要能超越這個人世間的遊戲的範疇，才能「明心」才能「見性」，在心性之內是無法「明心見性」的。

所以要敢讓「靈」帶領，才能超越。

3-14天命與天職

跑不掉跟跑得掉，有差嗎?你甘願了嗎?

修行要成神成佛不是一世這麼簡單的事，都是要累世修來的，有的宗派用一世可以成神成佛的修法來吸引信眾，事實上人的靈已經修幾世幾劫了都不能考，如何說一世成神成佛呢?

所以人到底要不要修?只能講有修有機會，靈可以累世進化，但從「沒有在修」的靈到進入修行是有祂的門檻，從無到有比較困難，需要機緣，需要開竅，就像要累積人生的第一桶金一樣，有了以後要倍增就比較快了，也比較得心應手。

所以為什麼叫天命？天職？

因為累世修行成果的積壘已經俱足條件，足以承擔任務了，所以轉世時銜接前靈直接帶有任務轉世投胎，再修再累積功果。

那天命／天職有什麼區別？

那就是「命」跟「職」的差別而已，應該說就是「事業」跟「職業」的差別。

「天」就是與生俱來賦予的意思。什麼是「命」呢？當然是命定，是逃不掉的；差別只是你如何去操作，因為所有的事物都是中性的，差別只是如何操作成「提升」而已。什麼是「職」呢？職是職業，是工作，職業可以換，可以不做，是跑得掉的，只是沒有累積能量而已，所以可以說「天命」比較像是「事業」的概念，就是你自己的事業，自己事業不做就要垮了，而天職就像職業、吃頭路，這邊沒做，到其他地方做也可，甚至不做自己過得去也行。

具天命的人，應該說具天命的靈，是有生以來即承受使命，是根深蒂固的。即使再轉世也一樣是帶有這種使命，直到可以成就不再轉世，基本上講是已經「粗具神格」的靈了，應該說是具備「神的候選人資格」的「準神」了。

所以通常具有天命的人跟靈，大致上都可以跟神明做溝通。

那「天命」要做什麼？

主要是做「傳人」的工作，替天傳達旨意的人的工作。特別是「度迷」「傳道」，開導眾生；具天命的人，通常比較善良正直，穎慧，領悟力強，不管所經歷的事是成功失敗，都能從中體悟。對於來求助的人，都能透過領悟神尊的智慧，輕鬆說出一番特別道理來開導，而這些說理並不需要經過的學習，自然而然能侃侃而談，因為是這種使命，要傳達神明的道理，所以通常都是能通靈的；不管是從小能通或是年長修行才通，就是能通。

能通通常就要「辦事」，通靈辦事是不被「地方」所侷限的，「辦事的靈」一般稱為武駕，武駕就是要拿「香」辦事，處理事情的；具天職的人呢？具天職的人就不一定能通了，因為天職主要是「輔佐」的工作，是輔佐「武駕」辦事，或是處理「宮廟事務」的事，一般有天職的人稱為「文駕」，文駕就是拿「筆」的，通常就像廟裡的「筆生」或「桌頭」或是掌理宮務。具天職的人修行到一定程度也會晉升成帶天命，所以帶天命是累世必須要辦事的，但是辦事就如之前文章所說，辦事的型態是有很多種，不一定要開宮，但也可能自己是宮主，也可能跟帶天職的宮配合，也可以是「隨緣度化」，隨緣度化就更高階，更自在的靈了。而帶天職的因為是「文筆宣化」，所以比較能通達人情事理，所以能清楚轉達旨意。為什麼有些通靈人通靈卻沒能成就，主要是所謂的「肉體憨憨」，沒能跟靈密切配合的關係，或是肉體有所畏懼而抗拒靈的作用，所以需要修行增智慧。

修行是在生活中「遇事生智」增加閱歷，增長智慧，而不是躲起來冥想就能成神成佛的，或是想說打坐是修肉體讓他漂浮，或讓肉體長生不老，這就是搞錯方向了。因為長生不老的是靈。

沒帶天職天命就好好修行，增進自己智慧能力，隨時做好準備，有機緣就做天職的工作，帶天職還可以避，帶天命就不用逃了。

你—甘願了嗎？

靈準備好了，人—你準備好了嗎？

修行不是求神求佛要神通，而是將自己心態／智慧準備好，要幫神明工作了嗎？

3－15天命、天職與清修

「清修」是在累積能力跟智慧，天命是自己的「靈」累世修行所累積起來的結果，所以修到具有天命時，就具備有相對於執行天命的能力；所以具有天命的人，通常就會具有特殊與天（神明）溝通的能力，有的從小就展現，但因肉身不知，所以有時會有耽誤，有的透過修行，慢慢將能力展現，所以天命是累世修行後的能力隨靈轉世變成與生俱來，天職則是比較隨機的任務分配，也是累世修行累積的功果，但是是尚未具備特殊能力的修行靈；差別在天命會給予特殊能力去傳達神明的旨意，天職則不必定有這些特殊能力，服務神明只在輔助的工作，不在辦事上。

如果以公司體制而言，具天命者，通常需要替神尊傳達旨意，所以是直接面對信者，傳達處理信者疑惑問題的方法並執行解決方案，比如要拿香加持及跟無形眾生溝通，拿令旗淨化等都是，所以比較像是業務員或外務員，說起來比較具跳戰性，俗話說「比較車拚度」，不管牛鬼蛇神都要直接面對，包括反對意見處理，所以會稱為「武駕」。而具天職的人，有點像內勤人員，做資料整理，廣告宣達及後勤補給跟支援，比較是文書作業，所以稱為「文駕」，那修行是不是只是要幫神明工作？幫神明工作是因為你修具有這種傳達的能力，而今世的心念也都夠正派，靈也比較清明，因為你是好用的，所以神尊要用你。像很多先天通靈者，也不見得有神尊青睞，所以一樣茫茫渺渺，好像找不到老闆用他一樣。

那沒有天命天職的，主要是清修，所以如果沒有天命天職是不用去強求神通的，這是一般修行者最容易落入的迷思。修行其實只是要讓自己過的更好，簡單說就是快樂自在；佛家講的離苦得樂，自己離苦得樂，也幫別人離苦得樂，其實當妳助的人夠多，尊崇感謝你的人夠多，就有機會成神，就如媽祖一樣。

所以修是累世功德一直累積，幫神明工作只是其中一樣，當然有機會辦事，累積功果的成長速度會更快，其實修行最大用意是讓自己靈力累世一直累積一直成長，所以修行主要在修自己，提升自己的靈質，替神明辦事只是比較快提升能力的方式跟機會。

那需要那麼多人替神尊辦事嗎？不必要的，所以失業的靈也很多；所以很多其實只是該「清修」而已，清修是修自己的靈體。

那清修要修什麼？

主要是快樂自在，一個「快樂自在」這麼簡單嗎？佛家也是修離苦得樂到極樂世界，基督天主教也是修一個到快樂天堂而已，快樂自在是很不簡單的，所以每個宗教都在教人怎樣快樂自在。

但是要怎樣修會快樂呢？

快樂是追不來的，就像神通是追不來的一樣，「把不快樂的因子排除，自然就快樂了」；所以你要修的是要能讓家庭和樂，工作順利，職場和諧，老婆老公看到你就滿臉笑容，小孩要教育娛樂費你是可以輕鬆付出，同事不勾心鬥角，客戶反對意見可以順利解決，沒有困擾自然就快樂了，而且你的快樂是不會影響別人的快樂，造成別人的反撲的。

所以「清修」是在累積能力跟智慧，從果看到因，把不好的因轉化成好的因，當你有能力跟智慧，可以愉快的處理自己的事情，並輕鬆愉快的幫人解決困難，點數累積夠了，很快你就會是天命的候選人了。

對於天命的靈駕辦事來說，一般啟靈，打手印，靈動之類只是靈修的過程而已，靈動天語只是讓你知道你的先天靈跟靈源神尊是有緣分在的，有接觸並不是表示你是神尊或是什麼神尊的分靈或什麼的，神尊的分靈都在大廟的神桌上受人膜拜，與你接觸是讓你知道神尊的存在，來教你，讓你的道心不要退轉。

而所謂的文武駕已經是進入辦事的階段，通靈辦事不用接神駕的過程，直接呼請就好，也沒有靈駕降在肉體借用身體的問題。乩童會有文武乩的分別，需操五寶的為武乩，文乩不用，乩童需等神尊降駕，是肉體借神尊用，辦事自己的靈是無知覺的。通靈辦事，自己的靈跟意識是很清楚的，沒有降駕跟退駕的問題。

第肆章：敬慎從事謙卑向天地

修正自己的身心言行合於神性的標準，

修自己行事合於天道，

順天應人，俯仰無愧而已

4-1辦事——相對的要有「問事」的人及「被辦事的對象」

坊間很多宮廟神壇都有在辦事，名為「救世」「濟世」，「救世」是一個神聖的使命，也是一個偉大的志業，但要救世也要有救世的能力跟方法，「神明桌上口不開」阿，怎麼辦事？怎麼傳達？所以配合的人就相當重要，以前神尊是「抓乩」，「抓乩」是硬性指派，有的是自願當乩，但是這些乩童只是借身給神明用，很少有修的概念，有的宮廟比較慎重比較正統，會有「訓乩」的過程，但是還是沒有修的理解，沒有修自然就跟一般人一樣，生活在什麼階層就呈現什麼樣態，所以吃煙嚼檳榔，三字經隨口出的，所在都有，你說這樣的神倒底有什麼神聖？你神聖你還用這樣的代言形象？跟普遍期待「神」應有的樣態是有落差的，所以一旦有比較社會位階高，學識較高的人擔任乩童代言，往往成為媒體追逐報導的對象，這是社會期待「神明」至少應有的形象跟特質。

所以神明也在調整觀念，漸漸以「靈乩」取代「乩童」，靈乩就是透過修行的靈動天語的方式來提升與神溝通的能力來代言，但主要還是在修行過程中以人為意識方式來訓體，所以通常還是神靈來附身借體的狀況比較多，也大多是宮裡固定的神尊來附體辦事。但訓體過程中多在追求神通，較缺乏「修自身」的概念，所以追求的是神明的特殊能力，但是「身心靈」應該是要一體的，如果自己為情所苦，卻要借靈辦事，請問電波干擾不斷，你如何去清楚接收訊息，道理是一樣的。沒有先把自己七情六慾收服（是收服不是戒斷喔，是能為你所用），怎麼接受神明的指導？忽神忽人變成「人為思維在辦」，所以也有很多宮廟雖是借體通靈辦事，但一樣會辦得離離落落，辦得很辛苦，不能穩定接訊，甚至造成「人比神大」的現象，如何排除是一個很重要的課題。

所以神明也在調整阿，「修身、修心、修智慧」，「修靈、修道、修自在」，明白自然道理，修清心合道，與神靈自然自在互通調整成「修、辦」要合一，要合神明的質。所以現在幾乎都走向「通靈辦事」，還要修智慧配合；通靈辦事是通靈人在傳達，所在之處都可傳達辦事，不必固定在宮裡，是靈與神尊的靈溝傳達，無須附身。而且任何神尊都能溝通傳達。

其實「救世」是神的使命，救的對象應該包含「人」跟「鬼」甚至是「神」；你真以為人可以通天知地，可以出入幽冥兩界嗎？「人沒這麼神啦」，其實都是「靈」在作用；靈去接收大自然界神明的訊息，然後傳達給人，是去幫忙傳達，所以人只是「代言」，代言的是自己靈的能力或相關神明的能力，既是代言就要有「代言」的「角色扮演」的認知，代言的越好，自然戲份會越來越重，也會逐漸成為要角，但不是人的肉體，而是自己的靈的提升。

所以「修自己」認清角色扮演，修自己身心可以做個稱職的代言人，不會被利慾左右，不會被情慾誤導，老實做事，不為爭競。「神明言一不能說二」，這樣就可以輕輕鬆鬆自自在在地辦事了。

沒有欺神欺人的心；就不會有後遺症。

為什麼說救的對象包括「靈」跟「神」；

一種是自己先天靈無法開啟的，或幫忙開啟後需要須引導的。

一種是宮廟神辦事受挫，被人為操縱，需要提升的或進修的。

一種是宮廟神被惡勢力欺負佔領的，需要幫助的。

神也是一個團體，只要是團體就會有位階，神也是有位階的，總不能所有的神都去當玉皇，或是一半神都是當門神吧？所以派出去地方鎮守的神，不見得可以鎮守的住，這時還是需要一些幫助的。

那怎樣算是「辦事」？一定要坐在神明桌前才能叫辦事嗎？不是的。以保險為例，所有業績都是通訊處業績，但不是「處經理」自己去跑，而是業務去把熟人找出來，主任幫忙介紹，或許經理踴臨門一腳，只要成交，業績就算。以建設業為例可能比較清楚，一個案子需要有土地來源，才能規畫蓋房子，建設公司有總經理主導，這是神明桌前的辦事，有業務經理主導業務，有工務經理主導工務營造，這是配合辦事，有企劃人員設計廣告曝光吸引客戶，然後業務接洽成交，這是基礎辦事，然後最開始有中人（仲介）報土地，穩定土地來源，這是外圍辦事，把信者引進來，這是辦成一個建設案必備的辦事流程。

所以「辦事」不只是神明桌前的老師在辦，外圍配合的執事人員都是辦事人員，因為一般都認為是「老師」在辦事，一些信者或是跟學的門生就都是杵在旁邊看，因為老師沒給這個概念，所以老師辦的很累，門生閒著無所事事也很累。殊不知，一個建設案成了，中人有中人獎金，業務有業務獎金，工務有工務獎金。所以辦事成了，除物質的金錢看老師分派或做宮務運作外，功果業績是大家都有份的，「量」的分配問題而已。

所以「辦事」是辦各自應該辦的事，依照神明指示，該有香火的要收香火費用，該給信者的要給足，該做的事做到，該你辦的事自然給你那種能力，是神明在辦，你是配合神明辦。

把自己修成一個可以彰顯神明，好差遣好用的配合體就對了。什麼事都神明負責，反正你也沒能力負責，你只能盡責，時間到了不上班，最後只好請你走路。

你是當無業遊民好呢？還是當神的助裡或是代言好呢？

4－2天機——很神奇的東西

什麼是天機？

當你用自己的想法去做一件事，結果是和你預期的答案是有落差，或相距甚多，此時出現的就不是「人意」，而是「天意」了，天不從人願，就是天意在表達。天機就是天意的徵兆，但知道天機又能如何？天意與人意相悖？你有夠智慧放下己意嗎？

通常「天機」是有跡可循的，你隱隱覺得不對勁，或有事先徵兆告訴你，你夠膽識，夠智慧去調整符合他嗎？通常在一般宮廟神壇問世或是外頭的算命師算命，常常會告訴你「天機不可洩漏」，所以常常搞的神秘兮兮，也讓人惶惶不安。

為什麼這樣？因為講白了就沒錢賺了。

嚇唬你，你就一愣一愣，乖乖聽話，其實他真知道什麼「天機」嗎？你就相信有天機嗎？當一個人告訴你說：神明有告訴我一個秘密，但是祂交代我不能告訴你；那跟你朋友跟你說：告訴你一個某某的秘密，但是你不能告訴別人喔。這道理一不一樣，神明真的跟你朋友一樣有「神經」大條病嗎？

神明既然已經告訴你這件事了，就是要你轉達，因為當事人是不知道，也沒辦法聽懂神明的意思，必須要透過你轉達，所以才告訴你這些事，結果你說：神明跟我講了，但是我不能告訴你？我咧頭殼三條線，神明智商跟你朋友一樣高，祂就不叫神明了，叫做「機車」了。

所以辦事就是要清楚明確的傳達告知，只是操作傳達這個天意時是正向有利，而不是負向奪取的，告訴你天機不可洩漏的，是他保留了「人為操作」的空間，或者他也不知道天機是什麼，沒辦法告訴你。

道理很簡單，想想就通。

修是修一個智慧，不是人云亦云，修的不清不楚的年代已經要過去了。

4－3沒領旨要怎麼辦事？

常聽師兄姐提到，幫朋友做一些化解不舒服的事，或被來講心事的朋友碰觸，往往就被影響，輕則心靈煩悶，重則往往出意外導致皮肉傷痛。

為什麼會這樣？這個原理應該可以這樣講：

沒領旨你要介入幫人處理，就像你朋友被討債，你要強出頭幫人擋一樣；一個要不就是你是擺明要幫人還嗎？人家還不找你要嗎？是不是？如果你是警察或律師來出面就不一樣了。

二來人家來找你要債了，你怎麼辦？該要怎麼處理？當然就是請警察或律師出面協助解決了，要不然就是自己幫她還清了，不然要如何？

再來三、就是自己練功夫增強防衛能力，讓強盜流氓混混不敢找你。

所以，如果是「因果問題」，請神明協調是最好的一途，不然就是自己賺錢還了，再一個強化自己，讓他們知難而退而已，也只能這樣辦了？

所以像這種有人求救自己沒權力辦的要怎麼處理？會直接出手幫人或出口幫人提解決方式的通常說這是：靈有能力但智慧不足，有慈悲心有能力，但沒有處理事情的智慧，這會流於濫慈悲。

就像網路流傳老和尚救落水蠍子，被咬了好幾次一樣，其實可以用樹枝撈起就行了，何必一定要用手幫。

其實領旨只不過像是去考一張證照一樣，有證照了辦事比較名正言順而已，沒證照就等同密醫，沒事就沒事，有事就事情大條，辦久了熟練了就可以能量大增。

所以要辦事首先是加強自己能力，修到能力夠了自然會給你證照，沒證照就盡量不要出手出口，還有就是可以做一個「轉介紹」的動作，這也是辦事的一種，就是請有權力有能力介入處理的人處理。

再來就是借地方辦事（就好像是「靠行」、「借牌」），當然「借牌」也要對方同意，如果非要自己辦，就請示宮廟神尊允可，請神尊做主，這樣比較不會自己卡一堆或是招攬禍事進來。

4－4何謂「扶鑾」「行鑾旨」

有師姐在問何謂「扶鑾」「行鑾旨」這應該可以為一事，也可以分為二事：一是扶鑾本身就是在行鑾旨，另外是「扶鑾」是一個動作，「行鑾旨」又是另一個動作。

藉此機會說明一下：

鑾是古代皇室貴族車轎前方警示的裝置，最高等級皇帝是八鑾，類似可以做鈴聲告知，一來提醒快閃避，一來提醒要恭敬，有點像現代的汽車喇巴。但一般引申的意義，就指的是轎子，以車轎的鈴聲代表轎子，所以鑾也是代表轎子的意思。

通常坐轎都是比較尊貴或是女性神尊，扶鑾是乩童辦事的一種方式，字義上當然是扶著轎子，曾經看過的就是用轎子在桌上寫字的，這是扶鑾，但代表的意義應該含括所有辦事這個動作，就是替神明辦事。

行鑾旨就是神明告知後去執行祂的旨意：

一個是代表「辦事的人替神明傳達旨意」這個動作過程是在行旨。

一個是問事的人要接受神明的警醒，好好依照神尊旨意去做。

所以扶鑾辦事問事的意義在哪裡？要有警醒的的覺知，時時提醒自己，要有閃避的智慧，趨吉避凶；辦事的人替天傳達旨意，要忠於原意，心要正意要誠，不可妄加；問事的人也要警醒自己，神明的提醒是要你更好，若自己不去做不調整，一樣無用。

所以要有一個警醒及恭敬的心。

最恭敬的做法就是認真去執行神明的指示將事情做好來才是恭敬，而不是三牲五牲大事排場的拜拜。

4-5「宮主病」及先天通靈者的迷思

先將自己定位清楚，你是神還是「代言人」

「定位」混淆搞不清，這是很多開宮先進容易患的「宮主病」，也是很多先天通靈

者的問題，先天通靈者真的是「得天獨厚」。當然，得天獨厚的背後也意味著要背負更多的責任與努力，就是幫神明傳達旨意，傳達旨意怎麼傳達？有講就好嗎？還是要將所講的事情做好？目的在哪裡？

所以來了，先天通靈者通的是什麼「靈」很重要，通的是自己先天靈的靈源，當然是最好，正心正意正念，有智慧，通靈要你傳達旨意，主要是要你將事情辦好來，或是要明確告知傳達，為什麼要讓你「預知」？當然是希望你去提醒做預防，能夠趨吉避凶。那如果給你預知了，卻仍舊不能把事情辦好，還讓你受委曲或是又讓你的神罵你，那到底是什麼問題？問題出在哪裡？為什麼會被罵？本來是要你彰顯神威的，結果你讓你的靈源的神當「憨神」阿，能不被罵嗎？

憨神憨神，出力不討好，所以為什麼說修有兩個區塊要修，就是「神力跟智力」，神力發揮了，結果人沒有修，智力不彰，那神真的很倒楣，被人拖累了，還要被笑「憨神」，為什麼會這樣？因為人沒搞清楚自己的定位？把自己就當神了，忘了自己是傳聲筒是代言人。

靈修神力與靈源相通，清楚知道交代事情，人沒修智慧，搞不清楚人性及傳達方式，展現不出神力，神明很直接，傳達者很沒智慧就搞成四不像，就變成「神智不清」了。

所以人為什麼是當人，而不是直接成神，就是要讓你在日常生活中歷練，修出智慧可以處理事情，智慧具足可以明確助人展現能力就很神了。給你訊息是一個課本，是一個考題，你的功課是把課本學會，把考題答對完成，如果你的傳達是出現反效果的，表示這個功課你還沒學會。

神明要給你訊息，目的是要你把訊息傳達並完成訊息交付的任務，難道告訴你信者或朋友有災難是要你讓朋友赴災難的嗎？當然是要你幫信者或朋友避難，不然告訴你有什麼意義？好意告知便誤會成「唱衰」那更沒意義了，沒意義了，祂還會被人稱作神嗎？

所以傳達訊息並完成任務是你的功課，想盡辦法完成功課吸取辦事智慧才有意義，功課做一半（傳達了），目的沒達成，等於沒做，考試考不好，被用處罰來提醒也是合理正常。

所以認清自己定位，既然是代言人，要把代言人的角色扮演好，既然是人要修，就要從每個功課中去學得處理事情的智慧，而不是堅持人原有的個性。個性是拿來修的，不是拿來堅持的，要堅持就不用修了。

至於一般意外事故或重大變故發生後而產生的通靈，很多都是外靈借體或佔體，人修出智慧，可以與靈一起修正調整，人正心正念正意，有智慧也可以配合靈一起成長。

所以很多通靈人或是有天職的宮主，到最後往往忘記自己代言的身分，幫神辦事辦久了，把自己認為是神了，辦事的時候神駕到來，道理清晰透徹，事理明瞭；神尊退了，仍要信眾把自己當神對待，變的妄自尊大，形成「宮主病」的現象。這是現代宮廟神壇亂像的成因，宮主跟信眾都要有分辨的智慧。

4－6為什麼要修？什麼人要修？要修什麼？

修到底要修什麼？修靈或靈修，當然就存在一個是人與靈配合修的現象，那要修到怎一個程度才算，如果要修到「身心靈合一」的狀態，那「身心靈合一」是怎樣一個狀態？

首先就要了解「靈」到底是怎樣的一個狀態存在？

如果以先天靈的狀態而言，靈來自於靈界的神明系統，我們暫且稱祂們為一個「宇宙的能量團」，這個能量團集合了高超智慧與能力及各種藝能，祂的能力是高於人的、能幫人的、能教人的、受尊崇的，所以人們稱祂們為「神」（如張學友人稱是歌神，王永慶是經營之神，都是能力受尊崇……）。那靈則是來自於這個能量團的其中部分系統，所以靈是具有這個系統的智慧能力的，且能接收這個能量團系統的各項支援與資源，所以如果以集合的概念而言：

宇宙這個大能團是一個超大集合，神明系統是裡面的一個集合，靈又是神明系統裡面一個集合，身心又是靈裡面一個集合，靈的特質是一個神明的特質，是清明的，是

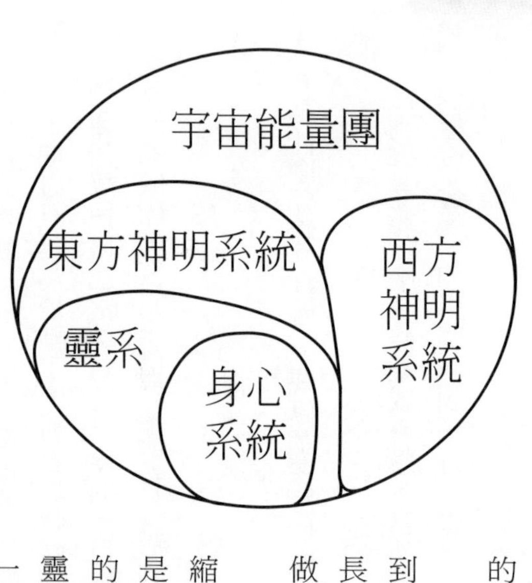

智慧的，是高潔的，基本上就是一個「神性」的，是一個自然合道的品質。

所以身心靈合一，基本上是身心要外擴到與靈合一的狀態，這才叫做成長，是身心成長，也是心↓靈的一個成長。心靈成長這才叫做修。

而不是靈內縮到與身心合一，那就是靈萎縮了，靈委曲了，那就不叫做心靈成長了，而是靈被規矩跟人侷限了，這是戒律式修行常見的現象，所以修到底要修什麼？把自己的身心靈修到合一，修到一個自然合道的狀態，修到一個自在的狀態，是把自己身心修正到一個合

於「神性品質」的狀態，而不止是修到一個善的狀態（善是人的思維產物，善外還有至善），心態上不是為了擁有神力或把自己當成神，神力只是成長的必然結果，也是讓你助人的一項工具。當你修到一個完全合於神的品質與格調（比善還合道還極致），讓人敬仰的時候，你不成神也難，就像關聖帝君（要思考喔！他也殺人無數阿，也成神）／媽祖一樣。所以成神不是善惡的問題，是精神層面極致發揮的問題。

那為什麼會想修？電視壞了會不會想修？車子拋瞄了會不會想修？電腦當機了會不會想修？那修是要把汽車修成電視嗎？還是把電腦修成電冰箱？所以為什麼會想修？當然是出現問題了阿，覺得不順暢了阿；所以壞了會想修，電腦手機不順暢了想要升級，會要修，修要怎麼修？當然是要修回原來功能完整的樣子，如果越修故障越嚴重？那還用修嗎？

所以電視壞了，修回原來正常電視的樣子，電腦當機了，手機壞了，修復到原來樣子，甚至換零件更新升級。如果你先天靈是神性佛性，當然是要修回神性佛性的樣子阿，如果你都不知道你原來是什麼樣子，那你到底要怎麼修？把神性忘掉修成妖魔性？豈不糟糕透頂。

那到底什麼樣的人會修？當然是知道自己出問題的或是知道想要更好的會修阿！所以啟靈了知道自己原來神性的會修，要要求升級的會修。但是要讓人自己知道出問題很難，因為有一個字叫「迷」；靈只好讓他知道自己已經出問題了，所以只能用種種不順遂的事件發生來提醒他，來告知他弄壞了，應該要修了，應該要找到回家的路了。

所以事件只是提醒你，告訴你路走錯了你應該要跟靈配合了，那不叫魔考，那是自己考自己，自己覺知的快，考驗就減少，受苦就越少。

所以還沒有意識到自己的狀況出問題的，你不用叫他修，因為他未覺知，他也不會來修。

修只是將身心的品質提升到靈（神明）的品質，所以要修什麼？修正自己的身心言行合於神性的標準，修自己行事合於天道，順天應人，俯仰無愧而已。

4-7修行的目的……

修行就跟談戀愛一樣。

其實就是要一個當下是快樂天堂的境地。

修行其實就是要到一個快樂天堂的境界，而不是學會一堆看不懂的名詞法相，學會一些人不可及的靈異神通，當你嘴說一堆沒得考據的玄奇境界，而卻活的不快樂或活在懼怕之中（怕被神明懲罰、被鬼追債），請問有何意義？

修行其實跟談戀愛是一樣，目的無非是想得到情感上的快樂，而談戀愛是沒有固定模式的，就跟你要在哪個教門或在家修行一樣，獲得快樂的程度也沒有一個基準，所以就會有各種各樣的戀愛追求的法門，有的走幽雅的小徑散步，有的習慣用風景區遊覽的模式，有的就愛搭飛機出國，走的路線不同，想要獲得快樂的目的一樣，不見得那個方式得到的快樂就比較多，那差別就在於誰維持快樂的境界比較長遠，而且沒有不愉快的後遺症，也就是說那種修行方式或法門比較能究竟獲得快樂。

應該說每個人或靈會有不同適合的境遇，我想應該沒有人會想說，我來讓現在交往的男女朋友來教會我，讓我「如何在下一個男女朋友交往時獲得最終快樂」的吧！一定是想要當下交往時就是快樂，然後學會讓快樂持續，並且學會分手時怎樣才不痛苦。

所以，轉換當下活在快樂天堂的心境與能力，才是修行的真正目的，

不是死後上天堂到極樂世界或來世要好命的，這是現在很多宗教的問題；真正修行是要能修正「轉」當下的心性思維，讓當下好命，當下是天堂的。靈是來歷練，來體驗，藉由肉身心意來學會操作生命的快樂。如果儲存的都是不愉快，或痛苦的記憶，真不知在靈界如何快樂的起來，有能力轉換劣勢環境成優質生活的人，所到之處都能讓所處境地成為天堂。

所以修心法而不是學方法，心法隨境而轉，變化萬千，不離本心，修就是修一個當下即天堂，一個隨時能快樂的心境。

4-8修行的認知——「修」是要先敢毀滅自己

要修的第一步驟，就是要敢面對自己、解剖自己、承認自己的問題，要敢把目前的狀態打破，進入一個全新的狀態，就像修車一樣，電腦檢測一插，問題就是問題，就把他修好就是，難道雙B車就不會壞，超跑就不會故障，還需要顧面子，逞英雄嗎！神明沒那麼多時間蘑菇。

那要到什麼地方修？

要修就找一個與自己頻率相合的地方修就好，跟找結婚對象一樣，只有適合，沒有最好，開始尋尋覓覓，找到了適情適性的地方就靜下心來，好好做功課，功課做好要升級了，自然會要你再轉換場所。

佛教傳承3000年，基督2000年爭戰，也沒有所有人都歸於一教一派。

所以宗教信仰範疇很大，就像我們在一無極道：「無極至尊」座下修，也是只接受頻率相合的人，我們不會想所有人都來這邊修，也沒這個能耐。

修不修是自己的事，因為你自己會去做的事都是你自己認為可行或認為對的事，就像殺人搶劫，如果他能自我察覺有後遺症，會被制裁，他就不會去做，那他為什麼會去做，當下的認知是可以做的，沒有問題，自己沒有覺知能力阿，沒被制裁就沒辦法覺知，所以事情發生了有人看了就懂，有人即使跟他講得清楚明白，他一樣照他原來思維去做，因為當下停留在自己的思維裡面，因為自我比神還大，所以為什麼有人這樣提醒了，卻自己仍舊不覺得，只有讓他自己去操作過後才會知道。

廣欽老和尚說的，聽不懂的你再怎樣說，他一樣不懂，不如不說。

那為什麼說修是要脫離原狀，電視壞了，你修一修搞了半天還是壞的，修要幹嘛？沒有脫離壞掉的狀態阿，所以要修是要先搞清楚自己哪裡壞了，再把它修好，或是知道要升級什麼了才去修，頻率跑掉了，把頻率修正回來，都是脫離原來的樣子，說你在修，結果越來越糟糕，心胸越狹隘，沒人會相信你有在修。

修是一種接受「新的自己」的「精神」，而不是打坐或所謂做善事或做法會的形式，如果你已經非常滿意自己狀態了，那是可以不用修的，因為快樂的人沒有修的理由，你已經達到所有人想要的境界，何必修？總不能一隻功能非常好手機，無緣無故拿去說要修理，師傅也不知道你到底要修哪裡，那是要把它拆壞嗎？如果你要升級，也要清楚要升級什麼功能，然後就要接受拆下舊零件的痛苦，才能享受升級的樂趣。

時時警醒自己，抱著虛心學習的態度，如果以自己既有概念去評估可不可學（你站在太極的一邊），那是沒有進步的空間的，這就是所謂的「選擇性接受」，與自己相合，自己認同的概念再去接受，就永遠只有你原本的東西，打破自己的迷思，接受與你相對概念的東西（太極的另一邊），那才是你欠缺，你所要修的。

你敢不敢突破自己（打破太極的概念）才是修的關鍵。

4-9修行「修心」的方法—「復古收圓」

心量越大，接受度越高，越接近宇宙大道，大自然是無限接納的。

第一次聽到「復古收圓」時，實在有點給他渺渺茫茫，宇宙何其大，神佛眾多天，人的修持力量如何收宇宙的的圓？

其實「復古收圓」沒那麼深澳，修行其實就是在「修心」而已。

修行上說「復古」，到底要復哪個古？一千年、五千年、一萬兩萬年，其實不是年代的問題，只不過是回復修行的古法，最古就是天地渾圓一體的時候，那是「單一純淨」境界，所以修行「修心」，是將心回到單一純淨的境界，覺察自己的「起心動念」是否單純合乎自然的道，還是經過自己的掩飾包裝想達到自己慾望而「悖道而行」而已。

最早的修行法門就是回到「靜心開悟」的方式，不管古時候釋迦牟尼，或是比釋迦牟尼更早的修行者，都是透過靜坐來覺察「心的作用」來開悟的，只有徹底了悟自然之道，才能解脫。所以宗教再怎麼變化，仍舊不脫「靜坐修心」的修行方式。

至於「收圓」，修行上「收圓」的方式有兩種：

一種是「鵝卵石法」，鵝卵石是原本菱菱角角的石頭，經過不斷的碰撞與水沖雨洗，然後削去菱角而達到圓融的境界，這是一種「削去法」的修行，也就是「戒律修行法」，在戒律規範中修正自己的言行舉止，凡是遇到與自己相左的意見或不愉快的碰撞，以戒律為依歸，就是內縮修正。或是依據戒律教條提醒自己，不做踰越的行為，這種修行法的好處就是有一個標準可以「深切檢討自己」，但也是忍讓或壓抑自己的作法，要能徹底內化自我才能完成，比較不好的就是：因為內縮壓抑，所以範圍越來越小，就像鵝卵石碰撞翻滾越來越小一樣。

另一種「收圓」的方法，就是「滾雪球法」

也是一個「吸收回饋法」，滾雪球要有一個中心物體，也就是「核心精神」，就是一個自己的正心的概念，核心思想建立後，遇到碰撞或阻擋或相左意見，就是想辦法接納／消化／吸收／修正。然後形成維護自己中心思想的保護體，所有他的碰撞都會成為他前進的養份，他是利用中心思想轉化的力量來維護本體，這也可以說是「接納法」或「麵糰法」的修行，也就是「自然修行法」。他不是利用削去菱角來達到圓的目的，而是利用吸附的東西變成自己的一份子然後將菱角逐次覆蓋而成圓。它的好處是多方學習吸收接納及強調轉化的能力，壞處是多而雜，如果中心思想不明確不堅定或轉化能力不足，也會影響本身的存在，但是他就如雪球一般，越滾越大，內心「心量」隨著接納事物的量而無限擴大，會達到「隨順」及「隨心所欲不踰矩」，能廣納萬事萬物的發生，對萬事萬物就只有把自己跳脫然後以一個宏觀角度去「看待」的自在。

所以修行如何收圓？

就看自己如何對自己，兩者都要有堅定的中心思想，就是對「道心」的堅持，但因為「無限接受」「無限外擴」相對地就大肚能容，「緊實內縮」就有相對內縮的壓力。那如何分辨？

就看你對神佛的觀點的差異性，修行是來管你的或限制你，還是修行是自己樂意接納並調整自己，神佛是無限量接納的，還是來規範你的，這樣就差可分辨了。

4－10靜坐，靜坐，坐下來，靜不下來，怎麼辦？

心猿意馬，最難收服，而打坐（靜坐）卻是修行最簡單且必要的一個功課，打坐是為了要練習達到靜的境界，但是坐下來卻是靜不下來，真的是矛盾，其實也還好，打坐是為了要讓自己靜下來，那根本原因是因為靜不下來才想透過打坐來達到靜的目的，所以剛開始靜不下來也是正常合理的，因為靜是果是目的，而打坐只是達到靜的一種方式或說是過程，所以「靜」的能力是要慢慢累積，慢慢做工來達成，不能急。。

為了達成這個目的，收服心，讓心靜，也讓宗教界及各個修行團體，費盡腦汁，講破喉嚨，劃宗分派，千萬法門，說穿了只是要收服這個心。

所以念經／持咒／導氣／跪拜／練體都是為了讓心靜下來。

因為心靜了，才能清楚接收宇宙的訊息，就像手機訊號強又穩定，你要上網，通話就都能穩定清晰。

所以來了，你想要訊號穩定清晰，你要怎麼辦？

1．請基地台加強波頻—訊號波加強。

2．手機本身組件優良，接收能力夠強。

3．排除干擾源。

所以要靜下來只有三種事要做：

1．**靠近基地台—多接近神明（統合自己先天靈）**。

2．**強化自己功能—升級或換新（修正／執行）**。

3．**排除干擾源—掃毒清垃圾（淨靈，祭化因果）**。

那靜不下來的原因有哪些？

自己修持不夠就不用討論啦，因為不夠才想要靜坐加強，所以這個不算原因；靜不下來主要原因是因為「能力不足」，所以只能修／行加強自己能力，我們說靜不下來是日常生活雜事干擾太多，影響思緒，雜事干擾就是平常事情處理不夠完善，這要加強自己工作與人際關係的能力。

你說就是因為處理不好才要靜坐，看能不能請神明給我一些幫助，然後就要求祭解要超渡？那請問你自己在哪裡？不是這樣的，你可以請教同事先進、老師、尊長、智者，修行是要先「內省」，想想為什麼這些事處理不好？然後修正自己的思維想法，是要轉換自己，不是想要去改變別人，每個人都有立場，因為有立場才能驅策自己，但是立場不是給你堅守的，它是給你一個基底，讓你在上面創造，立場是可以調整改變的，只要你能夠看到「最後目的」，也就是注重目標，而不是著重在方法。

如果你抱著學習的態度，謙卑的心，修正自己，這些雜訊是可以降低的，最後透過打坐把他收服。這是人世間的修行，可以同時消除雜訊，也可以強化本身功能。

那要減少干擾怎麼辦？其實很簡單，學習的心跟謙卑，你能蹲下來把上上下下都看清楚了，把別人的意見都清楚了解消化了，問題就解決大半了，學習與謙卑也是靈質成長的要件，只有不斷學習才能不斷的進化，學習態度很重要，學習的態度就是把自己建立在是「學生」的立足點上，把遇到的人事物都當成不熟悉的心態去學，而不是自己很強很熟悉了不用學了的心態，這在吸收成長上差別就大了，所以抱著是學生要學習的心態很重要。

再者，心要靜靈要清。

靈要怎麼清？為什麼要清？就像我們網路下載圖片文件一樣，像我們每天外面接觸的人事物，在這些日常生活中接觸吸收進來的資料、觀念，會不會有病毒？或是原來記憶體就有些垃圾資訊或是病毒隱藏在裡面（累世過程中的冤冤節節），平常不知道，但遇到事情或某些特定人事地物他就引爆，情緒大爆發，歇斯底理，大當機沒辦法運作，這些就是造成靜不下來的干擾源。有形的干擾可以透過對日常生活的修/行去排除，當然能夠有無形靈體的幫忙就更完美。

那無形的干擾要怎樣排除，真的沒辦法了，可以透過無形師幫忙，可以透過自己本身先天靈的協助，所以讓自己「明確」很重要，治標的處理就是「淨靈」，做靈體的淺層掃毒跟垃圾清理，治本的處理就是「祭化因果」，做因果結清的動作，全機掃毒。

祭化因果的作用可以作如下比喻，要靈修打坐就好比有機會想要出國工作，累積自己功德財富，但是原本外面欠債的債權人一直來追討要債，深怕你一去不回，他們的債權落空，所以一直來干擾，阻止你出國，那我們就請律師跟債權人協調，看要如何結清或立協議書和解，或是保證之類，好讓債務人有機會去賺錢回來還，對大家都好。

所以神明就有類似律師或保證人的地位，這就是祭化因果或因果結清的意思。但不是沒什麼事就要找這些債權人來開會，有干擾或是有能力結清時才需要；那淨靈就好比只是先做協調，只是短期通融而已。

如果有形跟無形一起處理，當然是功效最好，而修行打坐增強本身靈力，也可以達到與無形因果和解的狀態，那就好像自己去考到律師執照或當公證人一樣，就是自我能力的提升。

那干擾解除了，打坐起來自然靈會比較清，接收跟進步會比較快，但是通常一般人大都是「將就著用」，因為不知道加裝或更新程式對運作上的幫助有多大，所以就一直停留在原本的狀態了。

修行是要敢毀滅自己，毀滅舊的自己，創造功能更強更新的自己，不是堅持原本的自己，覺得自己很強很好沒問題，如果是這樣，那是可以不用修的。

好比你覺得「艾鳳3」已經很好用了，也沒怎樣，不必去動他，所以你不會也沒必要換「艾鳳5或6」一樣。

4－11靜坐，靜坐，坐下來，靜不下來怎麼辦（二）？

靜坐音樂與天語／靈動的運用

心猿意馬很難收束，要打坐，想靜下來卻念頭、影像一直浮現，之前提過讓念頭讓影像過去就好，不要追，電影總有演完的時候。其實不要去追這些，自然就不會再衍生，也是練習的方式的一種。

最近幾天有師兄姐提到靜坐音樂的問題，再跟大家提一下其他運用的方式：

就像雕佛像的師傅一樣，在雕神尊法相過程中，常會有感應或睡夢中神尊會顯像給他看，其實音樂製作也是會有這種現象，所以有些心咒音樂或心靈音樂，都是音律家感應後記錄下來，接收者也會複製這種感覺，觸動心靈的感受，於是就會有感動的現象。所以我們習慣在打坐中放上這些音樂，這是一直來都這樣做，就變成習慣了，習慣就會有「用法而無法」的現象。

今天特別提出來跟大家分享：

打坐中放上心靈音樂或心咒音樂或佛道音樂的作用，

一來放鬆心情跟心靈。

二來稍稍阻絕外界的干擾聲音。

三來與音樂中的神尊感應。

四來打坐中常會哭喊或天語，借音樂聲減少干擾別人。

再來吸引神尊能量的比較神奇的部分自己去感應，打坐中如果靜不下來，就可以把心神集中在音樂上，甚者跟著哼唱也可。

另外就是運用天語也可以，已開口的師兄姐如果打坐靜不下來，也可打坐中開口念天語，因為天語就是自己靈的一種發洩溝通的窗口，天語有時候也是接收到的咒語，也有靜心的作用，同時講天語時，心念都集中在天語中，心煩意亂時就一直念天語，發洩完了心就靜下來了。

靈動也是同樣的作用。

靈動本身就是靈的舒展運動，所以天語跟靈動的動作都可以，還沒開口或靈動的就嘗試音樂的效力，也可以跟心咒音樂唱誦咒語。

4－12修是修回「神」的樣式與品質

快樂的修，然後想趕快把自己修回神的樣子。外界對於神明應該是「愛懼」兼之，因為一般人對於神明的概念認為是神明受敬畏的，神明是無所不能，是具有威權神聖不可冒犯的，再加上一般宮廟神職人員一直以神力恫嚇信者，神鬼混淆不清，動不動就說會被磨難，被考，被懲罰，神明也就變得可怕了，也難怪常有神明被視為跟妖魔一樣的印象了。

事實上是如此嗎？被考，被磨難，被懲罰？其實，自己的先天靈與神是一體的，神明只是已經安排漸漸讓你去了解你自己的任務，並提醒你比較正確的路徑來，減少你的苦難；只是一般人受世俗觀念影響，會去排斥與神明接觸，因此都依人自己的想法，走人選擇的路，就像你平常遇到事情就去求神拜佛，一下子神佛將你的煩惱排除了，你很喜悅，但是你卻忘了，要建立學會自己排除煩惱的能力，所以一次求神，二次求神，再而三的求神，但你卻沒有警醒要檢討自己，結果事情越來越嚴重了，神明只好讓痛苦的事情發生了，再次提醒你要回歸檢討自己的問題了，結果你受苦受難了再來怪罪於神，這不合道理的。

神明要告訴你的是：本靈就是你，你就是你的本靈。

所以要修自己的靈達到神明的智慧與品質，所以要修的是把自己本身俱有的神格特質給修回來，神是人的原樣，人是半成品的神或是有任務阻礙須排除的神靈，修只是把自己「修復」回到神的樣子。

為什麼修無極可以自在的修？

概念不同，思維不同，修行的方法跟對待的態度就不同。如果你知道自己原來就是神，神跟自己是一國的，你還會懼鬼怕神的嗎？你只會快樂的修，然後想趕快把自己修回神的樣子。而無極就是無形，沒有空間形質的障礙，沒有儀式文字的阻隔，以靈傳靈，沒有羈絆，所以自在。

4－13人的體驗智慧與靈的配合

為什麼有先天靈體質的人，感覺上總要受到很多考驗才會走入修道這一途，基本上除了靈轉世會抹除記憶資料，無法立即覺知靈性作用之外；另一個作用就是利用各種人生的體驗歷練來喚醒靈的記憶，同時也重新輸入現代人世間各種問題的模式，並利用各種磨練來開發處事的智慧來以便與神配合辦事。

當靈覺醒辦事以後，會是以你現代體驗的智慧加上神的靈性去操作，會從先前所經歷的事件讓你反覆練習，重複操作解決的模式，再加上神的智慧讓你更靈活運作，是現代（身心體驗）＋古代（靈）融合而成的新的操作模式。

所以有靈修特質的人常會有這種感覺，就是自己的事情學會了處理方式，解決問題以後，常會有相同樣狀況的人會來求助，這就是讓你熟悉處理的狀態；就好像數學題，當你學會了某種公式，就一直會有相同題型的題目來讓你練習一樣。

所以在「無極至尊」的操作系統是非常現代化的操作系統，也是非常自在，非常快速的操作系統，當一個辦事的老師，如果他連自己的親情／感情／事業都處理不好，連人的行為／思考／觀念／感情等的形成與消失的過程都不清楚或是只想單純靠舊的思維模式（古代的神靈）來辦事，請問他如何幫信者處理這些現代的問題。有足夠的社會歷練跟自己親身體驗，最能深入人心，有自己解決問題的智慧，獲得答案的過程（培養能力、具備實力），就能清晰明白去解說解決問題的操作方式。

所以學會做人是學做神的基本要件。

因為辦事老師要幫信者解決的是人的問題，再透過與神的配合解決靈的問題，修行要先學會做人，不是先學做神，神要助人，一定要先清楚人的構造，思維，行事模式形成的原理，就像修機器的師傅，如果不懂機器構造及運作原理，請問他如何修理機器，所以人生各種歷練，事件的考驗衝擊，是為了讓你學會做人，學會做人是學做神的基本動作，連人都做不好，怎樣助人，只有越幫越忙而已。

第伍章：自心安定才是定

修是修一個真心，有真心才有正心正念
否則珍珠雖美，仍有其瑕

5-1打開修行的大門（一）

修行—要先確立「自我覺知」的能力

修行就像毛毛蟲要進化成蝴蝶的過程，認知毛毛蟲時是毛毛蟲，成蛹時是蛹，蝴蝶時是蝴蝶。用最恰當的方式生活與對待。

為什麼很多法門的修行，都是從「靜坐」開始？因為靜下來，才有時間開始看自己，坊間很多講「身心靈」的課程或做身心靈輔導的，很少人可以體會，身心合一比較容易，身心靈合一是很困難的。

在靜坐的過程中，如果可以進入心與靈的對話，那就可以清楚體會自己身心靈不合一的狀態。如果能夠「自我覺知」的話（自己去察覺並清楚知道如何修正），修正自己的機制才會展開。才會開始心靈作調適整合，進到「身心靈合一」的狀態，通常「身」的行為是接收「心」的意志去運作，而「心」接受的是自己從小到大包括家庭／學校／社會的教育；還有自己的經歷／經驗養成的價值觀影響，這些價值觀是個人經歷的總和，不盡然與道相合。

比如說女生因為情傷，對男人就抱持警戒畏懼的心態，可能就認為男人都是不可靠的，家庭暴力也使人對家庭組合及親情產生抗拒，所以「心」的運作很複雜，而「靈」

則是比較單純合道，但是如果「心」持續傳輸痛苦誤導的經歷紀錄，靈也會受到影響，如果沒有做「校正」的動作，「靈」也是會受傷，偏離道的軌跡，甚至變成「入魔」的狀態。

所以修行只是在做這些修正的動作，就像汽車時不時要做一些「前輪校正」或「機器的調校」一樣，可以讓自己行車順暢安全一些，就像是做車輛維修保養的「電腦檢測」一樣，「靈」就像「電腦儀器」，電腦裡有標準值的設定，有偏差或故障，就能夠及時做修正。

「自我覺知」能力的培養，就在靜坐中，從降低心的作用，讓靈開始運作，因為在身心靈未統合前，心跟靈的運作是互為消長的。在打坐中將心念止息，讓靈做身心的檢測，訓練接收靈的感覺，身心去配合修正。

所以「淨我」很重要，將心中的各種念頭停下，將各種在社會對應中的包裝面具卸下，將無謂的華麗的裝飾卸下，不用欺騙自己，不用偽裝自己，也不用掩飾來保護自己，就只有真誠的面對自己，才是最好的保護；要回到本然的自己，將自己赤裸裸交給自己的靈，交給神。

回到「真實」自己的感覺，「痛就是痛」「傷就是傷」，被畫了一刀，被揍了一拳，真實面對，做適當地回應處理就好。

就像戀愛中，愛一個人有多深，就回應多深的感受，明明不愛卻要騙自己有多愛，然後行為上就做不到那種程度，或是明明沒那麼愛，卻做過度的關心，都是騙了別人也騙了自己。

所以在靜下來以後，去檢測自己是否言行如一，是否「身心靈合一」。

在靜坐中讓靈來檢測，找出修正的幅度，做心靈協調後，在生活中重新執行。因為只有在言行如一，身心靈合一的狀態下，才沒有負擔，才能真正的輕鬆自在做自己。因為你不用矯情掩飾，也不用擔心有什麼祕密會被人知道，只要真實展現自己而已。就像你交朋友，只有三分交情，就用三分交情對待，知心好友，你自然會把他的地位跟重要性拉升，不要一直跟三分交情的朋友說他多重要，你多需要，多重視他。結果你做到怎樣？很容易就會被「看破手腳」，虛偽是掩飾是不了的。

真的，當你把對方當成玻璃珠，你怎可能用裝鑽石的盛器來裝他，你拿一個爛紙盒來裝玻璃珠，卻一直跟玻璃珠說它是鑽石；或是珠寶盒裡面裝玻璃珠，難道永遠都不會打開它嗎？人家也聽不進去阿。所以當你用玻璃珠容器裝玻璃珠時，你只要誠實跟他說，這是玻璃珠，所以用玻璃珠的對待方式，反而人家願意也可以跟你保持良好互動關係，而在交往過程中，逐次調整互相的對待，如此而已。

所以修行，就是去覺知自己日常生活言行的意義，回到這些言行舉止最根本的出發點去思考，然後把日常生活中不洽當的對待或處理方式，調整到一個合宜的狀況而已。

而「自我覺知」就比較是「靈」的運作，當身心認同靈的提醒，而去執行靈的指令，久而久之，身心與靈就如同一體。「所想的」跟「所傳達（說）」跟「所做的」一致，就是「身心靈合一」了。很難嗎？不會！很難嗎？真的很難！要不要修而已。

「自我覺知」是沒有所謂善惡是非對錯的，它只是一個合道合宜的概念，這是一個自我設定的「標準值」的概念，修正到最舒適順暢自然的標準，你的靈層次越高，你的標準值會越高，你的心的層次一直接受美好，靈在修行過程中也會逐次提升品質的要求；而不是一次就到達「神」的標準，這就是修行的作用。

「自我覺知」跟「內觀」還有「懺悔」還是有些不同，內觀也是看自己，懺悔也是看自己，但還是有程度跟心態上的差別，差別在知行的程度要求。

5—2靈修復身心的「好轉反應」

修／行—是培養解決日常生活問題的能力與智慧的動作

修／行檢討的的方向要對，修是要修正自己，不是要修正別人，或修正神尊，修是

一種接受新的自己的「精神」。

在這裡要說明一下，「靈」修復身心的「好轉反應」。

這是師姐提出的問題：

為什麼？同樣在修行，靜坐，為什麼有的人會吐，有的人不會吐，是會吐的？他的穢氣比較多嗎？不會吐的，身体比較乾淨嗎？是這樣嗎？為什麼會吐？會打嗝？會暈？為什麼會有不適反應？

當然這些狀況是有他的原因的：

靈的清明重濁程度不同，清理的時間與程度也會不同，就如同清理水溝一樣，沒清理的時間越久，堆積也就越多，髒汙越多，不清理有堆積以後就更容易卡垃圾，或越接近土石垃圾區域，堆積也越快越多，要清的東西也越多；所以如果平常有在清，就比較不容易堵塞或卡垃圾了，要清理也會很容易清，不常清理的，阻塞了再要去清的時候就會很辛苦。所以不良習氣或常做有害身心的飲食或動作，或是感情／心理各類的傷害越多，要清理的東西就越多，吐的程度會越厲害。

通常一般人對於本身傷害的處理方式是「隱忍」，佛教師父就常教人要念經要忍。那為什麼要忍？會忍是因為「沒有能力處理」，或沒辦法消化情緒。忍就等於是在積壓垃圾，把垃圾筒的垃圾做壓實的動作或是噴芳香劑一樣，讓垃圾不會翻出來沒有臭味就好。但這是治標不治本，總有一天垃圾桶還是會滿到沒辦法積壓，那時候整個病症就顯現出來了。

所以無極道靈修的修行不強調忍，而是合理適當的抒發。忍也只是過渡而已，最重要的是找出問題根源跟解決方式的過程。

修行要做的是「本源思考」，就是回到源頭去找答案，把問題的真正原因找出來，然後培養解決問題的能力與智慧。而打坐就好像是請垃圾車來把垃圾帶走的處理方式，神明就是你心裡垃圾的垃圾車，打坐是在做清理的動作。但要真正解決問題，還是要回到自己「培養解決問題的能力」，在平時就要清理，不要積壓。

所以修／行是培養解決日常生活問題的能力與智慧的動作，事件來了就是要讓你學習的，要會思考，理解問題，把問題解決了，智慧就留下來。智慧是越積越多，越用越多的。

那好比清水溝就有一種現象，本來汙土穢物沉積，上層流動的水也會清澈，你要清水溝就必須把沉積物翻動讓水帶走，或是撈起來，此時反而把水弄混濁了，會覺得水怎麼這麼混濁，水溝這麼髒，好像比之前狀況更嚴重了。所以清理的初期，你會相當不舒服。

就好像打坐靈動初期，你會感覺身體或心理的狀況好像更糟糕，那要明白這個道理才能檢視自己狀況，度過最艱難的時間。此時要吐就吐，要嘔要暈都隨順，要盡量清理。

這個就好像賣健康食品的人常講的「好轉反應」，但是好轉反應有一定時間，不會是經常性的，所以也要留意時間久暫的問題，他會分時分段幫你清理，不會清理到人整個沒辦法負荷。

5－3檢測自己修行的迷思談「珍珠修行法」

「珍珠修行法」是一般進入修行尚未了解修行真正意義的修行者常用的方法，也是一般「戒律修行」者常會發生的現象，教條戒律，原本要戒的是心，但心也是一種意念，天馬行空，無法戒限；只有當事人願意的時候才能收束。

所以教條戒律僅能在表現於外的言行舉止上做規範，希望藉由外在行為的約束而達到「收心」的效果，希望由外而內去修去行，事實上這是很容易迷思而且是收效不彰的。因為一般人行為是心有所欲有所求而去做，所以所謂的「相由心生」，「誠於中、形於外」，是只有從內心生出歡喜去做，才能真正達到修行調整的目的，而不是靠約束外在的行為來達到調整的目的。因此戒律修行者要去了解訂定教條戒律的真正意義，從源頭本質去了解後自然遵守，才能內化成自己日常生活中樂意去做的行為；此時教條已經不再是教條，戒律不再是戒律，而成為生活中自然的事，這才是修行要的真正意義。

所以修行要著重的是從內心歡喜地接受，接受教條戒律的限制，願意從內心修正起。

但是一般寺院宮廟的修行，卻無法如此教育，尤其是「在家眾」依附寺院的修行，因為宮廟寺院做的很多都是宮事儀軌的教育，很多大師雖然弘法，卻也只是講經說典的說明，教的是修行的「方法」，而不是「心法」，而出家眾雖依附大寺大院，也沒有具體約束力，而依附的出發點，往往也是各有所求，有的是「尋求認同」，有的是找團體「取暖」，有的是找自己的「歸屬感」，至於為名為利者也大有人在，所以我們就常會看到聽到：我吃素，我學猴（佛），我佈（不）施，我在收功德款做志工，我有在修喔，面對人是一臉笑容，「感恩」有加，人前一忍再忍，但真正遇到利益衝突時，卻又是很快忍無可忍，另外一番嘴臉，原形畢露，讓人難以接受行為的落差。

其實雖然是忍讓的和諧，但中規中舉至少消彌一些小紛爭，至少是減少一些戾氣，增加祥和，這種戒律也是對社會有一些貢獻。但是真正的修行，應該是從理解／接受，最終成為內涵。就像了解紅綠燈、安全帶的設置，是為了行車順暢，為了行車安全才規定的，而不是因為政府稅收短缺而設立的，雖然罰款是手段，是快速收效的方式，但如果你為了自己的安全，也為了行車的順暢，你就不會覺得罰款與你有關了，你會很自然地綁安全帶，遵守紅綠燈了。

所以為什麼要說「珍珠修行法」？

珍珠的形成是因為「蚌」裡面有了雜質，所以一直分泌物質來包覆，一層又一層，形成珍珠，珍珠外表看起來光澤亮麗，當然不能否定珍珠的價值，但是核心本質是一粒雜石砂粒，卻沒辦法清除。

所以一般人只重外表行為舉止的包裝（不要說偽裝），卻忽略本質的調整，所以外表光鮮亮麗，謙恭有禮，如果沒有內心的歡喜，就怕一旦被引勾起內心的怨懟不滿，反而會成為不定時炸彈。

所以修行最重要的是要理解核心本質，願意接受深層內心本質的面對跟檢討，不要以自己是「珍珠」為滿足。如果是珍珠，是否願意被磨成粉，把雜質去掉。

所以「淨我還真」是一個很重要的概念，去掉外在包裝，去掉面具，還原本來的真心；當你無所偽裝，心真意誠時，你就能輕鬆自在。

所以要怎樣「明心見性」，只要接受自己的本來面目就可以。從內在去調整，讓面目從裡到外，再從外入裡，都是一個真誠的自己而已。

修是修一個真心，有真心才有正心正念，否則珍珠雖美，仍有其瑕。

5—4靈修修心心法—「煉鋼法」及「鑽石心態」

靈修是透過心的單純淨化，讓靈在透過淬鍊及高壓高標準要求下成長，所以對自我要求標準越高，靈的質及純度也會越高，一般人會認為試煉是魔考，但真正的考試並不是透過魔考來執行；比如你跟戀人分手，分手的原因是太重視自己感覺，分手了，你覺得你修正好了，他會再給你一個戀人，同樣的對待相處方式，看你否調整到可以讓你能達到兼顧的能力。

這就是考試，你跟A戀愛分手，又跟B戀愛又分手，結果分手的原因是一樣，那表示你在戀愛及分手中沒有學到，沒有學好，那會再給你一個C，來考驗你是否能修正。一般人會說下一個戀人會更好，事實上不然，而是你在戀愛失戀的過程中有學到有調整，是你讓自己透過事件學習把自己變更好了，所以你的吸引力可以吸引一個更好的男人或女人過來，人會吸引同樣特質的人靠近來，就是物以類聚的道理，而不是自己都沒改變，忽然來了一個更好的人。其實，同樣的對待（操作模式）會造成相同的結果，再好的人來到你身旁，也會被你弄糟，所以調整自己才是重點。

要如何讓自己修得更好，最重要的一個心態就是「檢討自己」，我們修行是要成就自己，是沒辦法成就別人的，要歷練修正的是自己，不是別人。

這是一個靈修的一個基本精神，——永遠看自己，修正自己——

所以靈修的心法，就是一個「煉鋼法」，煉鋼是同一塊鐵，一而再再而三的淬鍊，淬鍊是一種去除雜質讓鋼更純更堅韌的方式，每過一次爐，質地就更純，雜質更少。

另一個心態是「鑽石修行法」，有比珍珠更價值吧。鑽石是經過長期高溫高壓後質變而成，所以要讓自己具備鑽石心態，魔考試煉都是為了造就更高價值，更精純的自己，所以你期待成就怎樣的一個自己？

靈質的提昇就是通過一次又一次試煉，然後去感受每一次試煉中「心」的運作及成長，從自己的體驗試鍊中獲得處理「心」的智慧，然後透過智慧去助人，助眾生，來累積能量功果來提升的，並且讓心一次又一次淨化，一次又一次明白心的運作及成長的方式，當你明白心的運作模式以後，就能自在處理「心」事。

所以不管魔不魔考，神不神考，其實都是在考自己，自己在考，也在讓自己體會「心」的變化及如何去與「心」做對待，同樣的事件，不同的時空，感受會不同，去記錄這個不同，就能明白「心」情。

「明心見性」是從事件處理的經驗中來，不是從枯坐冥想空談中來，這從追求戀人中的負面反應最能得知，不管是越來越淡，或是越來越仇恨，其實對方的反應是一樣的並沒有改變（就是不接受追求），但追求者的心卻不段的變化，從熱烈想要到可以要，再到可以不要或到調整成不要；或是從想要到要，從要到非常想要，到非要不可而做出激烈反應，其實都是追求者自己「心」的作用而已，被追求者事實上並沒有起伏或感覺，也因此有時會產生悲劇。

5—5回到根源思考—「穿越珍珠修行法」與「啄木鳥人」的迷思

珍珠修行法一般很難去自我發掘這樣的問題，因為在一般群體之中，誰也不想去得罪人，即使提出來，一般人也還是會不願意承認自己修法有問題；但是在修行團體之中，卻也常常會出現「啄木鳥人」的現象，這種現象來自於修行人都會以經典或師尊教化之詞奉為圭臬，認為大家都必須這樣修行，並以這些圭臬為無堅不摧的啄木鳥嘴，但是卻無法敲擊自己，而是一直堅硬的啄他人，所以就產生了「南懷瑾」老師所謂的佛魔、道魔，這個問題不是經典或師言的問題，而是啄木鳥人自己有沒有做到依經典依師言去做好自己的問題，而不是時時刻刻在觀察別人的缺點。

這種「啄木鳥人」現象是修行人必須內斂的所在。因為

第一個是要做「啄木鳥人」要能真正洞悉「蟲洞」，就是要有從根源觀察思考的能力。

第二個要檢視自己是否夠能力做啄木鳥人，不要拿著別人的言詞去教人，要能自己真正實踐後有自己的體悟。

第三個修行是要越修越開闊，提醒自己不要成為啄木鳥人，對於無法自我察覺的人要能接受，當你能量足夠，時機適合，再作善性的啄木鳥人。那時你已經是老師而非啄木鳥人了。

事實上，會產生珍珠修行人的現象，是因為很多老師法師都只講「方法」，沒辦法講心法，方法訴諸於實現，就會產生所謂的「標準流程」，然後成為戒律／教條／準則，然而方法是可以調整的，會因人而有不同的，用這方法做的好的人，若以此要求人，可能就造成困擾了，因為並不是所有人都適用同一個方法。但因為是戒律教條準則，必須遵守，所以形成守戒，守規，後來遵守的人也不知道為什麼這樣做，最後就流於形式。而因為沒有「心法」，所以做的人就依照自己的「解讀」去做，因此就形成很多是「阿彌陀佛」「感恩」「道安」「我吃素」「我學佛」「我在修行」等等口上修的

「修口人」，而不是「修行」人了。雖然形式美麗，但是內心依舊是原來的內心品質。

當然由外而內影響到內心的也是有，因為能去領會行為的意義而去修自己的，值得讚許。所以如果能夠從規矩教條中去深入了解設定這些教條規矩的意義，從根源去了解其中的道理，那就可以從這些教條戒律中獲得智慧，而後形成「誠於中、形於外」的言行舉止，就會形成一個「自然的優雅」，因為是發自內心的喜悅去做的。

每個教條戒律都有它形成的原因，就像制定法律都會有她的「時空背景」一樣，就是他的「初心」「真心」「本源」。就像綁安全帶，從沒有規定，到規定駕駛要綁，從前座要，到全車都要，對和錯在不同時空是有不同標準的，但「保障生命安全」卻是不容置疑的，並不是因為交通規則有罰款。所以沒有綁安全帶規定之前，其實就已經設置安全帶，有的人就會綁，有的人就不會去用，所以其實車子在設計時已經把這些安全考量設計進去了。

那這樣講好了，安全帶設計就像「戒律教條」，知道行車安全需要的人早把他設計進來，希望乘車的人要使用，後來經過推廣再加上罰則，所以大部分的人都綁安全帶了，但是還是會有人不綁，或是某些時候就不綁，或是邊綁邊抱怨，而因為大家都習慣綁安全帶了，因為不綁會被開罰單，所以就忘了綁安全帶是為了發生意外時保障安全。所以「安全」就像「真理」，其實不管什麼時候都是要的，交通規則就是戒律教條準則，就是一般人對錯的標準，但是教條戒律條文因時空不同會有所更改，而行教條戒律的人因為不知道制定原因，作用何在，所以偶而會因自己的判斷而有所調整。就像酒後駕車，明知不行，卻想說今天的路線沒有臨檢，就想闖關碰碰運氣一樣。其實真的是自己安全跟別人安全的問題，不是有沒有臨檢被抓的可能性問題。

所以要檢驗自己是否是「珍珠修行人」，要看自己內心是否「真心」，因為真的「只有自己能真實檢測自己」，即使在沒有人知的時候，是否一樣能夠如實去做。那要讓自己從內心歡喜去做，只有從「根源思考」，確實去了解做這些事對自己的意義在哪裡？

所以修行，要敢「真實面對自己」，要回到源頭去了解做這些事的原理，至於是否做「啄木鳥人」，也是要分親疏，要了解做「啄木鳥人」的準則，自己位階不夠，能量不足，方法沒有，那就先修自己，自己能量俱足，有智慧有方法了，就可以判斷什麼時候是適當時機了。

5－6為什麼修行的人不要到處跑不熟的宮廟

入門了，才會有進境。

到私人宮廟，常有主事的宮主或老師會交代：不要亂跑其他宮廟。但是通常都是語帶「威脅」，會卡到啦，會被附身啦，修不成啦，神尊會處罰啦，不一而足。這現象通常就會被想成就是要「拉住信徒」，有信徒才有香火，宮才有辦法維持；當然維持宮的運作要有信徒捐獻才行，這是事實也無可厚非。

但實際上為什麼在一處修了，不要再到處亂跑宮廟呢？

這個立論的前提應該是：你確定這個地方就是你修的地方了。

神明其實仍舊各有職司，各有所長，就像人世間學習找老師一樣，一個是門派有別，再者是師傅也各有專精，修練也有深淺之別，這個師門是否能助你提高你往後的成就（跟對神或願意教你的神）？這跟工作跟對主管是一樣的，而你的程度跟體質也會有所區隔，體質適不適合或有無緣分也都很重要，當你適合文史課程，也在這領域有所了悟；如果你又跑去學科技課程或化學課程，可能只是去那邊貢獻體力勞力而已，能不能有所成則未可知。

所以修行要找到適合跟喜歡的地方，通常這種狀況會來自你的靈的感覺，不對的地方祂自然會走，還沒找到之前可以多方嘗試，也不用擔心卡不卡，只要有正心正念，確立以神為師的理念，但是是否夠智慧可以避開受傷害的關節？則是一個考驗。

當你確定跟對神了或找到自己先天靈源了，就只要專心一意先修自己，把能力建立起來，是你的主導老師或自己先天靈就會助你，你的提升也會很快，就像政治上跟對政治人物一樣，可以平步青雲，當你在一個地方有成就了，就只有等著被高聘，而不是到處去說自己要跳槽，到敵營你就只有被利用被吸取能量而已。

不同的神明教不同的功課，有的並不適合你學，或是你根本不想跟的，到處跑只能學皮毛是無法深入的，比方說在某道場做「身心靈統合」，也就好像拜了神明為師一樣，（其實真的無形師也不用你拜，祂自然會到來），你在這門派拜了師，除非其他友好的師門，或是淵源相同的地方，你去了他會熱情招待你，送你禮物，若是不同道派或不友善的地方，那就只有送禮或能量被吸取了，當你拜師了，在師門學有所成，那你到什麼地方都會受歡迎。

所以當你功夫精純後，到其它門派去觀摩，才有能力融會貫通，否則到哪裡也只是一般一般而已，當你修到一定程度時，或許這個宮能教你的有限了，你也培養了基本判斷的能力了，此時才是你另尋地方提升自己的時候。

所以為什麼不要到處跑不熟宮廟？是你夠不夠能力保護自己？是你夠不夠能力從

「他山之石」去學習？是你是否找到自己適性適所之處？問題是自己有多少能耐跑？而不是跑哪個宮廟的問題。

像我以前學書法，基礎就在住處附近找熟識的老師處學習，到一定程度了，自然知道原來老師的教學就沒辦法滿足了，也有能力可以辨識優劣了，自然後來就會找名家拜師，再觸類旁通學其他篆刻之類的，也會是拜名家為師了，整個程度才有迅速提升上來。

定下心來修／行才是重點。

靈會找自己適合的地方修。

5—7修行的地方可否停留如何判斷？

求神拜佛是要求一個平安喜樂，修行是要修一個快樂自在，所以會有一個「西方極樂」「天堂」「佛國」的地方產生，因此做人最大目的應該是：要學會怎樣把人過的平安喜樂、快樂自在。

如果連基本做人都學不會快樂自在，做佛做神又怎麼會快樂自在，因為基楚運作的程式都做不到，都沒有的事情，怎麼會知道程式可以進化，又怎樣在高階的程式去運作。

所以當你原來修行的地方，讓你壓力加大，心理痛苦，生活不順，產生疑惑，不愉快時，那就表示你操作的程式有問題，不是放錯程式，就是放錯硬體。講白一點，不是修行理念有問題，操作方式錯誤，就是走錯地方，應該要換地方，或換方法操作了。

那要到一個地方修行，第一個要先感受，讓靈感受這個地方是否令人愉悅舒適。再來就是要看宮主或主事的人是否正心念。在宮一段時間後，是否越來越自在？還是越來越侷促，還是經常在思考要不要參加各類活動了，還是經常覺得好像被限制被恫嚇的感覺，還是靈覺經常莫名其妙的不舒服，有這種狀況跟感覺，建議你，可以去尋找更自在的場所或先在家自修了。

5－8肯定自己就不用到處奔波了

其實自己在宮裡修，都是簡單自在，也很明確告知其它師兄姐，只會打坐，不會有的沒的功夫，千萬不要來「踢館」，因為會想去「踢人家的館」實在是很無聊的動作，浪費大家時間。

為什麼某些師兄姐來訪會列出「踢館」這個名詞？

因為要說訪宮也沒有訪宮的禮貌，但是說踢館也不像，因為實在也不夠力，一個功力高強的大俠，需要吃飽太閒到別人家去跟人家講：我功夫很好喔，我很懂功夫的「道」理喔，你們要聽我的？不然找你比武？一個修持很好的高僧，他會到別的寺院說他是「得道」高僧嗎？會跟人家說我比你們修的還好，你們要照我的「道」修持喔？那是得道還是「腦筋有問題」。

修為、修持是會表現在行為上的，你的應對進退，你的氣質風度，不用嘴巴說，你的程度到哪裡，人家一目就瞭的。

有一位師姐風塵僕僕從台南跑到草屯來，說實在很辛苦，很辛苦是為什麼？因為實在就是很辛苦：

1・為什麼「孔子」需要帶著弟子到處亂跑，因為他的「道」在他的國家是不受用的，為了「生存」，只有帶著弟子周遊列國，為了生存到處跑是很累的一件事，很體諒這位師姐為了生存奔波的辛苦。

2・從來只聽說「只聞來學、不聞往教」的，好的老師只會讓人慕名而來，還沒聽說老師拿著道去求售的，除非是重金禮聘，否則只有失掉「師」的格。

3．如果你是一位武林大俠，你需要到處找人比武，或隨便找人傳授武藝嗎？找武藝比較低的人比武，那大俠的「格」就失掉了，找武藝比較高的人比武，那請問你都認為武藝在你伯仲之間了，你還存一個爭競的心，你的心已經弱掉了，那你要的是什麼？

4．修行要先學會做人，不是先學做神，神要助人，一定要先清楚人的構造思維，行事模式形成的原理，就像修機器的師傅，如果不懂機器構造及運作原理，請問他要如何修理機器，所以人生各種歷練，事件的考驗衝擊，是為了讓你學會做人，學會做人是學做神的基本動作，連人都做不好，怎樣助人，只有越幫越忙而已。

5．要修道，就要能夠明白清楚地講道，而不是故弄玄虛，有一個清楚的中心思想，而且能夠圓融說理，弟子才有跟從的依據，如果闡揚的道，只是賣弄文字，把神說得太玄，只會唬人，如何去服人，就像江湖術士伎倆的「先驚嚇他再幫他收驚」，是要歛財還是要傳道。

這位師姐帶著他的徒眾來兩次，一者進門不拜神，二者不與主人聞問，三者只顧顯露自己能耐，當然這無可厚非，因為帶著徒眾來，如果不顯露一下，如何讓徒眾信服，只靠辦事維生，要的是徒眾的供養，如果自己帶人去踢館，氣勢被比下去，那就不用生存了，這個就真的很苦了，這讓我想到電影「葉問」的情節，「金山找」帶二個徒眾到佛山，想要開館授武，最後卻找上「葉問」比試，為什麼葉問容許他在那邊囂張，因為要處理他的能力「綽綽有餘」，所以可以「好整以暇」。話說宋朝道學家朱熹還是程頤程灝的誰阿，他入佛門，亦燒香頂禮，曰「吾雖不同其道，亦敬其為人」，而靠神辦事的人，竟然如此唐突，那到底會教出什麼樣的弟子？大概就是如西毒歐陽鋒或是丁不群的門下一班了，如果做人的基本道理都做不到，那只好只做替神辦事的「便」工作了，修行傳道就甭提了。

所以一個心態決定修持的成就，抱著學習謙卑的心，是修行的必要心態。

5—9人生是來學會的，不是來苦的

「苦只是一個過程」，心態決定生活的高度。有些人把人臉當一個「苦」字，認為人生來就是「苦」的，要苦今生修來生，那他下輩子若再生而為人，再修此道，是不是一樣「苦今生修來生」，那除非他直接成佛，否則只有千萬劫的苦，問題是心態都是苦，那能有樂的覺知。

如果連「樂」的感覺都不知，他要怎樣去修得一個「樂」，佛陀說要「離苦得樂」，應該說你今生當下就可以「離苦得樂」，不然你今生活著的意義是什麼？當然是要學會什麼是「離苦得樂」了。

其實人生人生，人活著遇到新鮮事都是「生」的，沒經歷過的。

那人「生」的事跑出來是要幹麻？當然是要讓你學會阿，沒戀愛過，讓你戀愛，再讓你失戀，這是一個循環，體會了愛的感覺跟失去愛的感覺，然後學會怎樣去愛，怎樣留住愛？怎樣面對失去愛？怎樣把愛找回來？怎樣把愛放下？

親人也一樣阿，生離死別，學會怎樣去調適認知，怎樣面對，工作也是，由生到熟，有成有敗，有轉換，有失落，有高興，學會去面對，學會了，就具備處理的能力了；學會了，就沒什麼難的了；學會了，自然就不苦了；因為你會了阿，你懂了阿，你有能力處理了阿，懂了會了理解了，那怨憎會，求不得，離別苦只不過是一個過程，所有的苦只是一個去學會的一個過程而已，為什麼你要去執著一個苦呢？

5-10隨時可以重新做選擇

一般人總認為福無雙至，俗話也說：有一好無兩好。實際上這只是因為執行上「無法兼顧」的關係，通常人專注在一件事上，常常就疏忽了其他事，問題癥結只是沒辦法

「操作好」，是能力不足以去操作兩個相抵觸的事情，或沒辦法去分配好時間，這是生活「比重分配」的選擇而已，不是好不好的問題。

所有的選擇後必然產生該選擇的必然結果，去接受就好了。如果覺得結果不好，拉回重新選擇就可以，沒什麼不行的，也不用太在意「對不對」「好不好」，只是你自己能否接受這個結果的感受，並不是絕對的，而被忽略的部份，必然也會產生被忽略後的結果，也是理所當然，真的忽略的部分造成不喜歡的結果了，也是一樣拉回重新操作就好，不用因此而懊惱或情緒低落。

5－11打開修行的大門（二）敢把自己攤在陽光下嗎？

談靈修中的「全民公敵」現象

之前提到打開修行的大門，首先要有「自我覺知」的能力，自我覺知就是一個「覺」的能力，佛陀的意思也是一個「大覺者」。自我覺知是內心自省的力量，不是反省，懺悔而已，而是更積極去修正的一個力量。

而要進入修行的第二個認知，就是要認知外在監督的力量，外在監督的力量除了來

自於人群，另一個力量則是來自於無形界，所以你的行為舉止能否經得起外在的考驗，敢把自己放在陽光下讓人檢視嗎？一般人檢視的標準是所謂的善惡是非，但真正檢視的標準應該是是否合於「道」合於「真理」，就像死刑的存在一樣。因為「道德」是人相處的規範，是非善惡有時也有「立場性」，所以是非之外有大是大非（大小團體考量不同），善惡之外有必要之惡（例如死刑），就像目前的「廢死聯盟」主張，他有照顧冤獄者的善，卻也有罔顧被害人人權的惡，只有真理，是合於人道合於天道，四海皆準，不是執法者的道，不是上位者的道，而是一個自然自在的道理（合乎自然宇宙運行）；但講白一點，就是「事無不可對人言」，你是否言行合一，是否言行都可攤在陽光下而無愧；也就是說，你的言行是否可以做到「沒有秘密」，因為只有「沒有祕密」的狀態，才會「不擔心」，才可以產生真正「無懼」的力量，才可以「自在」，這是自己內心可以督促自己做到的。

這是以前在通靈人中生活了十幾年的心得，因為你有事不用隱瞞，不用說謊，連你拿香拜拜心裡在想什麼？轉頭就有答案，老師、師兄姐就可以告訴你，「剛剛你跟神明講的，神明說你要怎樣怎樣就可以」，當你接受一個這樣監督的環境，接受了，你的言行舉止自然就調整了；接受了，你的言行舉止就越來越自在。

另一個監督系統就是通靈的「訊息交換」，就是靈跟神尊系統的訊息交換，無形界神尊系統可以說是一個「超大的監視錄影系統」，就像電影「全民公敵」一樣，全民公敵還有視線死角，遮掩避的角落，而無形界的監視系統則真的是「無所遁形」，以前常聽人家說：舉頭三尺有神明，這個一點不假，實際上是全天候監視。

在以前修行團體中看老師辦事，常常會說「調一下畫面」，很神奇的「調一下畫面」，真的是「原音原畫面」重現的述說出來，讓信者求證。

其實在打坐過程中，也常出現這樣的現象。當靈（神尊）在修復身心的狀態中，在額頭（類似第三隻的地方）眼前方常會出現小畫面或當事的狀況，這些畫面讓你重新整理你的「親情、友情、生活、工作」不如意及受傷的狀態，一幕幕一幕幕幫你修復，除了幫你無形的療癒之外，也可以讓你在現實世界中有智慧去應對。

所以當你打坐時，請放輕鬆讓靈調整就好，除了療癒身心之外，最重要的祂是一個無法逃避的監督系統。明朝「楊慎」創立「四知堂」（說：你知、我知、天知、地知），其實不只四知，無極無形眾神皆知，通靈人也可知，所以要時時刻刻以神明為念，當你獨處做事以為沒有人知時，真的沒有人知嗎？其實上天已經記錄在案。

所以「靈修」真真正正是在修自己的一顆心。

一顆俯仰無愧的心。

一顆隨緣自在的心。

是因為自己的自覺，也是因為神明的監督考核，當瞭解神明的考核是為了讓你提升的道理，考核不再成為心中的畏懼，不再是考核，就能處處自然合道，無處不自在了。

第陸章：驀然回首只見天地幽幽

修就是接受事件到來，學會處理，
一次再一次，然後熟捻

6-1你神智不清嗎？

談一下修行的兩個區塊：神力與智力

通常老師都會叫你要修要修，但要修什麼？怎樣修卻又說不清楚，這個現象通常叫做神智不清，為什麼人在神話、鬼話、人話之間不知所云時，我們稱它做「神智不清」，因為他還分不清楚「神跟人」之間的差別，所以見人說神話，見人說鬼話的現象普遍存在，接到神話鬼話說給人聽，卻沒有翻譯成人話就說出來，為什麼會有這種現象？起因在於搞不清楚修行的這兩個區塊，哪兩個區塊？

一個就是靈的區塊，要修的是神力。

一個就是人的區塊，要修的是智力，也就是智慧。

人有神力卻沒有智力判斷適不適合說，該不該說，要怎麼說？什麼時候說？就會演變成神智不清的狀況，就是神的區塊和人的區塊分不清楚，所以很多先天通靈的人，被人視為異類或精神病患的原因就是這樣，因為靈已通，而人世間的歷練經驗還不足，所以無法分辨場合及時間就呈現靈的能力，當然就被人認為神智不清，若因此就自我壓抑，就會造成靈逼體，或直接被送醫了。

如果能清楚分辨修行的的兩個區塊，又能分清楚時間場合，做適當的表達，就能避免這種現象。

神力的部分，一般由靈來操作，由靈來修。

靈的修行的程度有分，有的人帶有天命天職的，靈的成長及能力增強會比較快，有的靈只是持續累積能量，開啟返回靈界的覺知而已，並不需要辦事，就不會有特殊通靈的能力，只是累積今世的修行點數，所以這部分強求不得。

而人的智慧部分，則是透過事件的歷練，透過感情的痛苦，來增加經驗並開啟智慧；所以人的修行是在修什麼？給你這樣的父母？給你這樣的夫妻兒女？給你這樣的同事？給你這樣的親友？給你這樣的事件？給你這樣的社會？為什麼？其實這就是一本本的課本，一樣樣的功課，是要讓你學會去處理，從處理中得到心的開啟，得到處理人際關係的智慧；課本給你是要讓你學會的，不是為了讓你死當的，這些功課就是你未來教學辦事的基礎。

那這些智慧從何而來，就從「心」的認知理解而來，你放不下，是因為不放心；你很累，是因為你很操心，身累休息就可以復原，心累就不是一般睡眠休息可以復原，而是要寬心，讓心休息，息心止念，靜坐讓靈來開導。

所以從日常生活中去體驗「生活之道」，處理人際關係之道，處理情緒感情之道，當你了解了道理，在辦事之中，就可以輕鬆裕如。

所以「以心輔靈」「以靈覺智」以靈幫助心開智慧，兩者是相輔相成的，所以了解人道可以通天道，因為真理是一致的，在天道如此，在人道也是如此，真理不會因人因事因時而有不同，若人為做法跟天道不一致，就稱作是不合道或不合理，當你智慧開啟能通「道」，也就趨近於知「天道」。

所以分清楚修行的兩個區塊：

「神力」部分、「智力」部分，用適當的方法，在適當的場所，就不會有「神智不清」的狀況了。

所以修行不只是在求靈動，講天語，或到雲端雲遊而已。更重要的是你是人，一定要「修心」，要理解事情根源的道理，開啟自己的生活智慧，讓自己開心自在的生活，而不是看人看天不順，然後怨天尤人，也不是一直求神拜神，一昧的求神力，要做神先要會做人。

所以靈要降到世間，就是要你感知做人，學會做人，否則就在靈界就好了，幹嘛還下來當人。

6－2靈修中的神力修行—你想「通」了嗎？

一顆「單純」的心很重要，神通神通，「通」只是過程，通神了以後要做什麼？你想通了嗎？

想「通」是很多修行者的期待，但是卻也是很多先天通靈者的苦惱，沒通的人拼命想追求，希望修到有神通；卻也不乏聽說要去「封掉」天眼，封掉靈覺的人。所以一件事，有人說一體兩面，其實是一體多面的，不同的角度，不同的看法想法，不同的需求，所以去「理解」是很重要的，「理」是一個脈絡，一個通路，是「通」路喔。

所以為什麼想「通」？為什麼要「通」？就很重要，為什麼一些先天通靈者是被周遭親朋好友誤解的，為什麼一些先天通靈者是被困擾，想去封掉這個能力？原因無他，因為他無法理解為什麼會有這些能力？也不知道要這些能力到底要做什麼？所以在沒有適當的引導，及相當程度的智慧輔助下，「通」反而是一種困擾。

一般人都以為修的最後目的是要「通」，其實「通」只是修行中的一個過程，「通」只是過程，不是結果喔。「通」了以後要做什麼？那個什麼才是最後目的。

你想「通」了嗎？

想通「通」了以後到底要做什麼嗎？那「通」之前你到底要做什麼？修行一般說要

培養的是「正心」「正意」「正念」「正行」，其實這還不夠精準真確，「通」之前的修行打坐，只是讓你回復到一個純真無邪，不受汙染的心境，更精緻地講，要「通」有一個很重要的條件，就是一顆「單純」的心，就是神尊交代什麼做什麼？沒有多餘的慾望跟個人思維。

所以靜坐為什麼要你把人的思維放下，目的是讓靈去跟神尊溝通運作，學到神的思維，那通了以後才能依照神的思維辦事，因為人在出生以後，受到慾望的誘惑干擾，受到各種事件打擊而影響思維判斷，如果沒有讓你在各種欲望及事件中去萃取智慧，如果沒有透過「修行靜坐」去去除這些雜質，如果沒有讓你回到一個「單純」的心境，如果沒有讓你去了解你需要怎樣去辨事，那請問神尊讓你「通」，是不是在製造你的困擾？也在製造祂的困擾？

還有你能「通過」種種考驗嗎？在「通之前」，在「通之後」，如果心術不正的人通了，或通了以後又心術不正，那真的也是相當令神尊困擾的事。

有人以為神尊什麼都知道，什麼都能做？沒有錯啊，問題是該不該讓你知道，需不需要讓你知道，你想好為什麼要知道了嗎？你知道你知道了以後又該做什麼嗎？先天通靈了，打坐修行，是為了培養智慧，去理解為什麼讓你通靈，去理解需要做什麼事？要怎麼做？去那裡做才不會困擾，不是通靈就不用再修了，要維持正確的方向阿。

想「通」靈的，好好修智慧，修自心，成為神明可用之人，當你準備好了，你想不通都不可得。

哪有的人修行就只是輔佐通靈人的，有的人修行只是清楚找到回家的路，並不是人人都需要通的，一味地追求神力並不是明智之舉。

這樣，你想「通」了嗎？想「通」了就好好做自己該做的事。

6－3自心安定才是定

自心安定生智慧，修行是為了「過好」生活，也是為了過「好生活」，很多人以為修行是為了放下一切，很多宮廟主事者也灌輸這樣的觀念給親近神佛的人，所以要求信者勤於靜坐拜佛，卻忽略了家人／朋友／工作，於是把很簡單的修行弄得變很複雜。

事實上本來應該是簡單自然的事，沒有事何必要修？家人／朋友／工作／生活每天要過的生活，要做的事，都是引導人修行的事，家人／夫妻關係處不好，這個不好就是告訴你需要修正的點了，工作處理不好，表示有需要修正的點，不是處理不好就跑去求神佛，然後躲到宮廟裡去求心理的安定，俗事都沒安下來，心怎麼安定的下來，自己安不下心來，如何在神佛處安下心來。神佛可以幫助你靜下來，安定下來，是幫你生成智慧，去應對你所面對的事，而不是要神佛去幫你完成這些事。

所以修行，修智慧，要修更要行。

6-4「要」的基礎源自於「給」，修行要有這樣認知

「要」的基礎源自於「給」，修行第一要務要承認自己的「要」，但也要認清「給」的必要。

「要」是欲望，是動力的來源，因為「要」達到「要」的目的，就必須去執行某些動作，去執行，去推動就要「付出」，「付出」就是「給」的意涵，不管有形的物質付出，或是無形的力量關注，都是給。

一般人都認為，出家人或進修道院的修士修女，他們就是放下/捨棄，就是奉獻，哪有要？其實不然，他們可能放下俗世所有的物質/感情/事業，但是本質呢？釋迦牟尼是不要王位/妻兒/子民嗎？他是因為覺得人被「生老病死」所苦，所以「要」去了悟生老病死的道理，要解脫生老病死的苦。一般出家人或是為感情所苦，或是金錢所

苦，或是被佛道吸引，基本上他們的放下，是要尋求解脫痛苦的道理，或親近主或佛陀，要到他們所設的安心的所在，因為他們有自認為更高境界的追求，所以放下俗世而就基督、天主或佛道，他們的放下的根本還是有其目的的，他們「要」的是另一個精神層次的成就。

因此，他們必須「付出」他們的時間／精力，專注在這個追求上「給」，可能是有形的精神物質，也有不可計量的無形能量，像行動力／魅力／時間／關懷／智慧等等

當你想「要」得到某種目的時，你勢必要給予「相對等」的能量或物質；要追女朋友，為什麼她要讓你追，考驗的是你的禮物攻勢，你的幽默，你耐心等候及接送的能力，你的體貼的能力─等等，當她評估你付出足夠了，她就接受你當男朋友，但好像她只是在接受，在要，沒有在給，是沒有給嗎？有阿，她適時「給」你撒撒嬌，幫你梳梳毛，給你回眸一笑，給你一個吻，不然你哪有動力繼續追，早放棄了，但是你付出難道你不會評估嗎？好，你笑的不夠燦爛，少梳了幾根毛，撒嬌時間不夠滿足，給你記住，做什麼？追到手了再算一下帳。很可怕，所以你的「要」是需要思考一下有沒有「後遺症」。

想想「要」與「給」它必須是達到一個平衡。這個平衡不是「度量衡」能處理的？而是「心」，心是隨時變動的，所以這個平衡也是「變動」的，「要與給」隨時空不同

而有不同需求，所以相對兩方必須保持一個「動態平衡」。

為什麼男女朋友變夫妻後，關係會變緊張，因為兩人的「要與給」的關係產生變動了，但自己變了沒體會對方的變，又沒互相說明，雙方的認知停滯，因此就失衡了，失衡了問題就慢慢出現。所以不會只有給沒有要狀況，志工不要時間金錢，但要「志工」善心的名，慈X要藍色制服，就要付出金錢，目的就是「慈X人」這個名，所有精神物質能量都是一個「交換」系統，要與給就是在做交換，維持動態平衡才能運作下去，不管個人或公司團體。

6-5去理解/接受就對了

很多時候，恍然大悟了，會說「喔，原來喔」。

修行要從大自然中學習，了解自然界運行的脈絡，然後去看「人」，你就會了解「人」為什麼會這麼做？了解知道每件事的根本來由，你就會有一種恍然大悟的感覺，「喔！原來喔」，你就不會那麼心痛，那麼難以接受了。

修，只是修出讓自己能夠去理解事情來由的智慧。不會一直站在一個角落看事情而已，人要改自己的習性是很困難的，很多人都說我要改，我有改了，其實有沒有改？有沒有改，老天都會再來同樣性質的事情來檢測。

就像考試，這題不會，給妳時間再練習再讀，下回考試，一樣再來一道相同性質的試題，有沒有改就很清楚咯。事件，是來讓自己練習處理的，不是來障礙你的。

修就是接受事件到來，學會處理，一次再一次，然後熟捻，變成可以教別人處理相同事件的過程。

6－6學生學生，學習人「生」

學生，學生，為什麼叫學生？

什麼是生？想當然爾，生就是不熟，不熟就是生？菜沒煮過，沒烹調過就叫生菜，煮是一種萃練，烹調是一種附加。

生命，生活也是生，如果沒經過歷練／體驗，沒經過撞擊，那這個「生」就如生菜一樣無味。

歷練，體驗是一種生命的學習，是在往成熟發展的必然過程，沒有一個生命是一生下來就是通天知地的，即使本身有天生的才華，也需要引導，開發或撞擊。

因此，抱著「學習」的心態，無時無地無不可學習者，世界太廣，事物太多，人情練達，無處不學問。

所以學生學生，就是一個「好學樂知」的心態，對於「生的」，「未知的」，「不熟的」，隨時抱著「學習」的心。子曰：三人行，必有我師焉。講的就是一個謙虛學習的心，一個隨時學「生」，隨時充實自己的心。

6-7人／神形成一個太極，能量需為交流

神明沒責任承擔你的痛苦，一般人總認為神明一定要幫你解決問題或困難，其實不然，神明也是一種能量個體，祂也需要你的能量交換。

一般大廟香火鼎盛，能量充足，自然比較不會被人所左右或控制，小廟小宮則不然，主事者如果欲求不足，自然就從信者身上奪取，甚至神尊（是神或是鬼）？就直接從信者身上奪取能量。所以有些人到處拜拜當成修行，其實是值得商榷的，拜對地方就好，拜錯地方就慘，不但得不到神助，甚至有形無形能量都被奪走。

所以先讓自己夠強是很重要的，跟神明接觸和跟人接觸是一樣道理的，是相對的，不是絕對的，你越真誠相對，回報也越真誠，你看不清對方真誠與否，只能保守以對。神明也是相同，你不接觸不認同他，他會短暫示現善意回應給你，但你不用想說神明不知或可欺。

神尊既然教導修「智慧」，自然會明確呈現，所以不是神明會遺棄你，而是你是否拋棄神明？

你是不是履現你的承諾，是不是做好你的功課，你都不做，然後說「神明騙我」，那只是你「自己騙自己」罷了，既是修智慧，就不要也不能當「憨神」。**從生活中學習，在事件中領悟，修就是修正，神明是允許懺悔修正的，需要修正時要認真修正，誠意修正，修正後再去做再修正就對了。**

6－8同頻共振，能量相乘

修行地方的選擇，首重同頻共振。一個修行團體，同樣頻率的人會聚在一起，不同頻率的人進來，起先會引起頻率的波動，經過「校頻」及原有頻率「共振」後，頻率會

漸趨於一致，當沒辦法融入原有頻率時，自然會被震離開，每個團體都一樣。

當你沒辦法認同一個團體的宗旨、規則或方式，你自然會離開或被排擠離開，這是很正常的現象也是真理，所以在開宮之初，神尊即指示：

對於信眾對於同修，應持著「緣來不拒、緣去不留」的理念，是為了讓「辦道者」不用拘執於人的來來去去，願意相信的自然留下，有懷疑的自會離開，等他再回來求救再說，此時抉擇在於辦道者，在於神尊。

起始陸陸續續辦了許多「身心靈統合」一起共修的師兄姐，有的人還是無法堅持道心，相信了外界的說法，或是自己根深蒂固傳統的想法，有的人或許並沒有真正相信自己的本靈，由於本身也沒有很強勢「校頻」的能力，所以暫時只有任其自在漂流，但首先要預防的是，不同頻率者暫時不讓他們干擾頻率未甚穩定的人；所以神尊特別指示，對於「身心靈未穩定統合」的朋友，暫時避免他們干擾其他人的修行。所以要去任其離去即可。要的是辦道者的自在。

其實如果很強的求道的心及修行的心的人，要受干擾是不容易的。

最怕是初接觸及只是好奇進入修行的人，所以初始進入靈修，選擇同樣頻率的地方及同修很重要，避免干擾它人也避免浪費自己修行時間跟進程。

第柒章：開闊自心，道心不退即見無極

立場看法，就是界定認知所有事物的自我觀點

是非善惡好壞取決於人所在位置的思考

7－1到處自在，所到之處皆要自己能在

怎樣是對？怎樣是錯？在人的相處中？對和錯的分辨在所難免，如果都沒有「對錯」「是非」，那人的相處勢必只剩下「強弱」跟「生存」，會回到自然界中的「弱肉強食」法則，所以為了人類生活的和諧，是非對錯的判定，會產生一定的標準，這標準只是為了生活中的秩序，用社會價值（普世價值）建立起來的標準。

所以你的對錯認定只能說「比較對」或「比較錯」，有一定的認同比例而已。強者是沒有是非對錯的，比如蔡小姐、馬先生之於中華民國，郭先生之於鴻海集團，黑社會老大之於他的社團，如果他們不承認他們是錯的，請問有誰能說他錯，你說他錯他不承認你也沒轍。

那什麼是真正的對？真正的對是，今天如此現象，明天如此現象，10年後如此，百年後依舊如此，那就是自然界的法則。比如地心引力，比如虹吸原理，比如植物的向陽性，經得起時間考驗的才有絕對的對產生。

所以檢測「對錯」最佳利器就是時間，因為我們所認定的對錯都來自於「價值觀」，自己的價值觀，社會的價值觀，而價值觀是會因時因人因事而改變的；當你的對錯有人爭執時（像藍綠兩黨），你的對錯就是可質疑的，就不是絕對的，只是「比較

性」的對。因此當你想解決爭端，唯一的手段就是放下自己的「對錯認定」，與對方重新建立兩者之間「共同認同」的對錯標準。但人都有本位主義，很難做到，唯有放下對錯，才能解決對錯產生的問題。

在太極中永遠有相對的兩方，也就是相對的立場，有立場就有對錯，如何讓太極運作順暢形成動態平衡，唯有平衡，才能形成一個「無極」的境界，跳脫對錯。

所以當黑道與警察建立共識後，黑道供養警察，警察包庇黑道，形成一個利益共同體，就跳脫對錯了，形成一個沒有對立的「小無極」，但是這個小太極（原本對立的兩方）運作後形成的小無極，卻又含括在一個警界與黑社會的一個較大的太極之中，因此會被其他單位破獲這種勾結行為，就又有了對錯的問題。

所以當你以「時間的流」來看，對錯是不斷的變換的，以自己生命以來所做的決定來看就會清楚，會不會對以前的決定感到好笑，對當時的一些執著感到可笑，學著以較長的時間（生命的流）來看事情，對錯就不會那麼重要了。

7－2觀念是養成的，觀念不等同是真理—

觀念不等同於真理，也不一定是智慧，因為「約定俗成」，所以觀念是教育出來，是養成的；當遇到事情與自己認知不同時，或許可以靜下心來思考，到底合不合理，還是只是合於自己的習慣個性。

觀念是教育而成的，並不必定是真理，就像很多宗教禮俗或傳統一樣，既是傳統，就是大家沿襲著用，但如果都不去探討它形成的背景原因，以致時代背景因素都已改變，卻仍舊照用不誤，造成不合時宜了，與時代格格不入了，本來對的也可能變不對了，但都被一句「傳統」，前人都嘛這樣做，就打掉改革創新的機會。這就是主事者的智慧能力不足，沒辦法承擔改革創新的壓力所致，改革創新時間久了就又變成傳統了。

觀念是教育而成，並不必定是真理，只是接受與否會有不同的行事方式跟態度，也會有不同的結果，能把事情愉快的解決才是最適當的作法。所以處理事情只是找出不會有痛苦結果的方式而已。

7—3向懂的人請教，不是找不懂的人討論——

向懂的人請教，不是找不懂的人討論，這個概念很重要。

對自己的信仰或所正在做的事，無法堅持或很容易就被動搖或左右，主要原因來自於對事情的不了解或信任不夠，因為專業的不足或認識不清，因此當其他意見進來時，因為缺乏足夠的資訊或專業的判斷能力，所以就徬徨了；如果再沒有找到真正專業咨詢，又跟一樣初學者討論，那勢必在此道路上顛顛跛跛了。

尤其是初學者更是，應該抱持學習的心，多所涉獵、比較，或依循修習的方式深入了解後，再行抉擇，除非明知會傷害，否則應以學習了解的心態為之，而非拒絕接受。**拒絕，就沒機會了解**。

7—4越是不願意面對的事才是你真正需要學習的事

你越覺得困難討厭，越不想去做的事，才是你真正要學習的事，當你面對且處理了它，你的人生的愉悅度便又開闊了一些，因為你的處理事情的能力又增強了，會困擾你的事就又減少了一些。

你喜歡且樂意去做的事，通常都是你已經會的甚至是很在行的，所以你持續去做只是增加熟練度而不是廣度，並不會減少你的困擾，而你不想去做又常遇到的事，就是你該做且要你學會的功課，不去做不去學就一直會是你的困擾。

7-5認知所有事物都是中性，不要受制於成見

所有事物都是中性的，高低、好壞都是看的人內心意念的反應。

事物都是一體多面的，越多面相看就會越接近真實，只是有時候人會受限於自己的經驗閱歷，並沒辦法整體去做思考，所以很多事情在做的時候，只能要求做到趨於完美。

物體的呈現或是所看所寫的文章，說來都只是給我們做參考用的，就像談論什麼是感情？最真實的還是當事者自己的感覺，所以不論一個事件，一篇文章，看的人永遠有自己的想法看法，自己的對錯認同和認知，只要是沒有客觀認定標準的理論都是這樣。

所以古人曾言：盡信書不如無書。重點是要自己能吸收轉化成自己能運用，且對自

己有幫助的操作方式。書本得到的知識、觀念、想法，能實際運用的且幫助自己過得比昨天更好，這才是真實。這才是修行的概念。

重新認知所有事物都是中性，是非善惡好壞取決於人所在位置的思考，也就是立場看法。修行也是，不管是經典，還是儀式，還是見到的人事物，本身並無好壞高低，好壞高低是人的看法想法所分別出來的，所以修行要重新建立自己的思維。不要受制於既有的成見或是他人的評斷說法，要自己從多面像去重新認知，如此才能開闊的二度學習。

第捌章：修行路路迢迢，青燈古佛不退轉

日常生活就是在修行，

往正向能量修行，就越來越自在快樂

8−1問神與問人—也得神也得人

神明不是來給你問的，神明是來指導你怎樣做到神明的境界。

要學的是神的精神，不是拜拜的形式；，不是讓你來看看問的事準不準的，而是要幫你學習怎樣解決自己遇到的難事，調整自己的個性，進而轉變自己的命運。

朋友跟我提起，以前要換工作或什麼事，都會先擲茭問一下神明，但最近都比較不問了，因為好像神明都叫他自己做主，他覺得很奇怪。朋友做的是比較屬於事業諮詢方面的工作，或許做久了，要換其他類型的工作也難，除非他自己有所覺悟。因為企業顧問的工作是有點診斷的意味，但台灣的顧問公司大都流於紙上談兵，因為沒有真正投資或投入事業體經營，要真的能對症下藥，切中要害是有點奢望。

所以一般企管顧問應該在景氣不好時能發揮作用，但實際上真正景氣下沉，企業遇到瓶頸了，連企業管理顧問公司自己也都發生問題。一來參與及實務不夠，台灣沒有那麼多可以參考借鏡的公司，二來企業遇瓶頸連顧問建議的方案也不願意再花經費來處理，所以顧問發揮不了作用。

我朋友現在則有點類似賦閒在家，考考證照，做做諮詢。我則不得不告訴他，其實，神明也不是不理你，因為你每次問，每事問，問了答案你又不做，如果是我，我也懶的跟你講。因為，神只能指引你怎麼走，告訴你好不好，要注意什麼，但也得你自己去走阿。神明沒辦法替你走這段路程；神已經經歷過人世間，知道要怎麼做，也願意將經驗智慧傳承給你了，問題是，他沒辦法替你走這一遭，這個歷練是要給你的，不是神要歷鍊的。

所以俗話有說：也得神，也得人。

一個工作，如果你沒有精神，時間的投入，沒有累積專業領域知識，沒有實際參與去取得實際經驗。即使這個工作很賺錢，你也很難從中獲利，即使神明告訴你這個工作很適合你，會獲利豐厚，也不可能是你一踏入就馬上蜂擁而至，如果不必歷練，就可以有這種速效，那就可以直接當神了。

成、住、壞、空是一個必然歷程，酸甜苦辣是一種過程，要歷鍊，要學的就是要了解並接受成住壞空，去體會過程的酸甜苦辣，讓心感受並學會看待，學會在成住壞空中接受、放下、轉換、再起，而不是在過程中悲傷、怨嘆、責怪或放棄，最重要的是你要進入其中操作，真正的參與才能得到屬於你的知識，你的智慧。書中或他人口中得到的是別人經驗常識，你從中吸收、應用，發揮的出來才會變成你的知識與智慧。所以有人一直請教別人事情怎麼做，怎樣揮別情傷，怎樣走出低潮；而朋友的告誡、忠告、方法---等等，如果你都拒絕，或雖接受卻沒辦法做，或固執己見一錯再錯，久了連朋友也不理你了，因為你沒有決心，你只是徵詢意見安慰自己而已。

問神也是一樣阿，反而燒香歐巴桑來的虔誠一些，你說她迷信嗎？也不見的，應該佩服她認真看待這件事並身體力行。重點是你真的要解決問題，而不是問問就好。當你去看醫生，卻又質疑醫生的專業判斷，連醫生開的藥也不吃，如果病會好，只有兩種可能：

一是你是心病，只為了看醫生這個動作做給人家看，裝病來達成某些平常得不到要求或維持某種狀態。

二是你根本沒病，只是為了給醫生看，說你有在看醫生，安慰自己跟別人，也做為偷懶的藉口。

我朋友問神也應該是要逃避一些不想面對的狀況吧。

有智慧的人可以看透，一般人就跟著團團轉，有時候是關心則亂，有時候是不忍拆穿刺破，旁邊的親人辛苦了。

（2006/05/20）

8—2打坐打坐—到底要打還是要坐

尋常一樣窗前月，纔有梅花便不同。

境界因人而異，因時空而異，所以重要的是你，而不是大家是不是都怎樣做，怎樣說。

那打坐打坐，到底要打還是要坐，打坐能讓人無拘無束嗎？到頭來還是看自己吧。高中時期在中部某個佛教辦的育幼院當志工，看到蓮社的老師禪坐，一坐就好久，真的很佩服。之前也曾跟一位老師練過氣功，要打坐練氣，除了坐還要學會導氣。

應該這樣說吧，打坐是一種形式或是一種溝通的橋樑工具，透過這種形式，達到讓自己心裡澄靜，能夠得到自己想達到的目的的一種方式。每個人希望透過打坐達到的目的不同，所以到底是無拘無束還是什麼？端看每個人的期待，只要達到個人企求的目的，打坐就算圓滿。打坐就好像高普考，考試是普遍的形式，但考試內容會有所不同；有人透過高普考，取得律師，會計師執照，有的取得經紀人執照，有的進入公家機關任職。最終目的則是看個人選取的項目而有所不同。

一般而言，打坐能息心止念，讓心回歸到原始澄明的狀態，比較能就事情根源做思考，而讓自己想達到的目的明確且容易專心一致去做。因為我比較屬於靈修的系統，所以打坐是要自己能夠靜心後讓自己的靈跟神尊的靈能溝通，透過靈與靈的溝通來學習，學習並接觸比較原生的行事智慧，一些從「自己與靈」的經驗取得的智慧，而不是從書本或別人口耳相傳所得的經驗，用超越自己原本的眼界來看待事物，或是透過學習來得到更輕鬆自然過生活的智慧。也讓自己知道自己未來的生活目標跟要面對的態度，或許也包括生前及身後何去何從的概念？

人會害怕，主要源於對未知的不可期待，不確定感及無力感，一件事你能清楚知道前因後果，且你自知有足夠的能力及時間去將它做好時，你會害怕或著急嗎？當你有處理事情的智慧及能力且知道身後將如何時，你自然對這些事情就能應付裕如，且會努力以赴，而你會明白這些工夫是一點一滴累積的，不是一蹴可幾的，你就會樂意且認真有耐心的去做了。

打坐的「坐」只是形式的一種，靈修打坐的目的應該是指最後達到一種「放空」「澄明無礙」的境界。且可以「靈與靈」溝通，溝通後形式則不侷限了。打坐就好比拉電話線裝基地台，線拉好了，頻率也校正了，電話通話前就是「嘟嘟」的聲音，電話通了，就天南地北隨你聊了，要坐要躺也都無所謂了，你要用什麼電話聊也都行。

所以重點是有沒有「接通」，至於是否無拘無束那就是個人修為了，因為著重在「修」，要修成怎樣一個樣態，端看個人設定。有的人修是為了求財，有人為了平安，有人為了成仙成佛，有人為了上天堂。修的法門也千百種，有人在道，有人在佛，有人在教堂修，有人在佛堂修；都無不可，重要的是要清楚自己修什麼？修文學博士的不要想像會拿到電機博士文憑，修藝術的不要想像說要拿到醫學文憑，我想修藝術就要找藝術家教授，我要修電機就要找科學家教授，你有沒有找對？或你找了老師卻又在觀望，都是徒然。

怎樣評斷你走對路，找對人了嗎？要看你自己是否越修越起勁，越修越投入，還有是否越修越快樂？如果越來越痛苦，那至少50%以上是找錯人，走錯路，或用錯方法跑錯地方了。

既然是修，知道有問題就趕快「修正」。修正後再行，行了有問題再修正，修正後再行。不用期待一次完成，神尊是容許你做錯修正的。

打坐只是修行的一種方式，修行應該還有很多方式，我只是用最熟悉、最容易做的方式來修正自己而已。

修行學問很高深嗎，不會的。

（2006/05/15）

8－3如何一個修行了得，修行還是修型

山有多重樣貌，有的入雲來，有的邀松共賞，有的山鳥來棲，各有各的境，隨緣歡喜，修行也是。

一聽到修行，總給人很高深的感覺，那麼多的戒律，那麼多的教條，不可思議的層次的追求，應該不是人能做的吧，崇拜景仰者有之，望而卻步者有之。也有人對修行者嗤之以鼻，傻咪「吃菜人」，傻咪「法師」，還不是欺世盜名；當然，很多人都有「以偏概全」的主觀，無可厚非，因為在他的生命經驗值裡，這可能是他所未知又不願接觸的部份，亦或是他不成功或者受傷的部份。

事實上，修行只是一個行為過程，而不是結果。修行的方式也很多，因不同的團體和不同的信仰宗旨而有差別，操作的方式和目的不同，結果就有所不同。

一個修行者，必須經常檢驗自己修行的品質和方向。

修心還是修型

一般人聽到「修行」，大都賦予正面提升的印象，並且是「高道德標準」的要求，並且好像都與宗教信仰相連結，好像修行是宗教信仰必備的課程，想要成聖成佛才要修行。

修行真的只為成聖成佛嗎?要進入宗教領域才叫修行嗎?遇人就合十唸聲「阿彌佗佛」就叫有在修嗎?穿起道袍就叫做有修嗎?當然，如果以要求成為神、佛、上帝的標準來看，勢必要有很多的戒律來約束，並且要有很多教條來「導正」（何謂導正？）人的行為，讓人有所遵循。因為，基本上神、佛、上帝都不是人，他們都是因為有非人的思想跟作為，所以能成為神。自然，你如果想要修成神佛，那就必須要接受非人的考驗，所以接受「高標準的要求」是必然的。

在「高標準」的檢測下，人難免能力有所不及（如果做得到就不稱為人而是神了），於是就出現負面效應。問題是，真的依照教條戒律去做，就真的能成就神佛嗎？答案仍然是「未定數」。修行如果沒有循序完成，違背了自然運行的道理了，能證道嗎？

現在的人修行，大都著重於戒律的遵守，執重在儀式的規範與表象的做為，卻忘記了本心。

神、佛、上帝之所以成聖成佛的本心，也就是他們的精神所在。佛菩薩是為了救苦救難，就是為了渡人離苦得樂而修行悟道。耶穌更為了拯救世人，傳達上帝旨意而接受各種苦難。所以主要在於心，在於為眾生的慈悲胸懷，並真實去做，而不是為了成神成佛。他們的苦難在於證道讓世人得救贖，而不是教人拘泥於得道的型式。同在菩提樹下苦修的有百千萬眾，如何只有釋迦牟尼得證如來，釋迦修得正果後，又為何仍登大位？無非為了渡化眾生的方便。

這是精神所在，修行的只是為了求得渡眾能力與智慧的過程。現在人修行，參加宗教團體，卻不知本心為何？為名？為利？為法？沽名釣譽有之？聚眾斂財有之？如果徒具型式，忘卻本心，則成聖成佛之路途就遠了。試問，當你拿香拜佛，拜神，合掌低頭禱告時，可曾想到，佛之所以為佛，耶穌之所以為耶穌的因由嗎？還是只想到如何求平安？求發財？求神賜福給你呢？

拿香是一種型式，祈禱是一個型式，禪坐誦經是一個型式，如果沒有孺慕的心，沒有敬仰效學的心，所有的儀式，所有的作為都只是外在型式。難道關聖帝君是因為求發財，媽祖為了讓人膜拜才得道的嗎？

如果沒有了「心」，則修行不過成了自我包裝的一種型式。

修行是要修與行合一，「修行」基本上也只是一種動作行為的代表名詞，並不具備善惡好壞，每個人修行的目的也不同，有人希聖希賢，有人想成仙成道，有人為了自我的圓滿，有人則期望得到某些特定能力，結果是因人而異的；所以有人越修越高傲，不可一世，有人越修越謙卑；有人越修心裡越苦，有人則越修越快樂，有人越修束縛越多，被教條規範的動身不得，有人則越修越輕鬆自然，身心自在。

如果以人的認知神、佛、上帝，天堂的存在，他們是怎樣一個境界呢？大概就不難理解修行是要達到怎樣一個境界了，你的認知呢？是一個充滿束縛限制的境界嗎？還是自然自在？隨心所欲不踰矩的狀態呢？

你真正了解上帝創造宇宙的自然之理嗎？為什麼天地運轉總是那麼不刻意？那你的修行有刻意嗎？合乎自然的道理嗎？還是你把自己陷在無邊的戒律當中而不知所從。你曾靜下來思考過嗎？那你的方向準則在哪裡？如果不知道修行的本心（了解並確立自己修行目的），那你將無所適從。

宗教只是給修行者一個方向，自然運行的道理也可給修行者一個指引，要看你「悟」的方向。

修行基本上是海闊天空的，要修到什麼境界自己決定，重點在於修，時時修正，方向不對就修正，方法不對就修正，不自在就修正，有罣礙就修正，重點在於「行」，有修正而不行等同沒修正，沒有行則不知修正是不是符合目的；過與不及都需要再修正，再執行，一般人觀念都希望能「一次到達定位」，希望一次就能成功，所以設定目標，考試要500分，一定要讀某大學，工作不容許錯誤，業務要一次拜訪就成交，沒達成目標就痛苦，沒考上醫科就痛苦，訂單沒拿到就痛苦，為何不能接受重考，為何不能接受第三志願？為何不讓自己做第二第三次拜訪？如果都是一次就成功，那還有修行這個問題嗎？這些事件不過是讓你學習如何修，如何行罷了，智慧就在「修—行—修—行」當中獲得。修行要在生活中就去執行，智慧要在生活中開啟，而不是在冀望成仙成佛之後。當然修行的高標準是鼓勵人努力去達到，但當你想要藉由修行成仙成佛之際，可曾想過藉由修行將人的角色扮演好；如果做人都做不好，做自己都不快樂，如何享受成為神仙的快樂逍遙呢？

宗教修行往往與道德規範相結合，所以以人制定的道德標準為準則，（道德跟法律是為了便於上位者管理普羅大眾及避免物種間傷害衝突而制定，不必然符合自然道理，要去了解制定的本意，讓行為自然合乎道德法律的準則），導致修行者陷入道德戒律與行為規範的迷思中，而失去了心的自在與自由，殊不知，神的境界也是漸修漸進的，而宗教修行團體卻冀望要求人在短時間內進入如此的規範，好像要求讀國中的人，馬上要讀會大學甚至研究所的課程一般，即使能做到，也是相當辛苦的，人怎麼會快樂。

修行人是否能認同須經由累世修行達到神佛境界，能否認知自身處於哪個階段，而後循序漸修。好比求學，讀完一年級讀二年級，讀完小學讀中學，再讀大學甚至研究所；而某些人資質特殊能跳級就讀，你能認清自己是否有那資質嗎？否則修行在一次又一次達不到標準中逐漸挫折，最後則以表象行為動作取代內心修為，以修型取代修行，以戒律科儀取代精神境界的完成，如此則只剩修的型式，精神則蕩然無存了。修行不合一，行與型就錯亂了，也無怪乎有人會對修行者予以不屑的對待了。

如果神佛都是自由自在的，天堂是快樂的境界，那你能把自己往那個方向修嗎？修到與神佛的頻率相同，你想不進天堂都難，你做一件事可以持續快樂而沒有後遺症嗎？通得過死後的審判嗎？你是道貌岸然呢？還是菩薩心腸呢？

簡單的修、快樂的做

（2006/05/12）

8－4修行輕鬆看——生活即道場、智慧修、快樂行

修行——是修一個自在悠游

傳統說修行，大都跟宗教聯想在一起，顯得很嚴肅，如果再加上道德規範與要求，就變的很沉重了。說實在的，修行真的要這樣嗎？輕鬆一點看待不好嗎？生活化一點不好嗎？

很多朋友修行，就一直期待自己成仙成佛，成為聖賢，修得一些通靈能力。事實上，你獲得一些特殊能力，到底要做什麼，你清楚嗎？

如果做為人都沒有把它做好，你有能力成為仙佛嗎？成為仙佛你又要做什麼，你的精神狀態還有靈體有達到仙佛的純淨與自在嗎？

如果你都自覺還沒有達到，那何不先把人修好。

妳知道仙佛的本心與精神所在嗎？為什麼要經歷人世與各種生命體的歷練？仙佛的存在是為了救世與渡眾生，基督教也是為了渡化眾生到達天堂，如果你都不知道人世的經歷，及如何讓眾生離苦得樂，妳如何去渡化，去救世濟眾呢？如果你連自己的情關，錢關，家人關，待人處世接物，對各種物事的看待都通不過，無法以心轉境，無法轉化自己的痛苦為快樂，即使你成為仙佛後，又知道如何渡化眾生離苦得樂嗎？你可以以經驗歷練的角度看待你所遇到的每件事嗎？既然這生為人，何不扮演好這一生的角色，卻偏偏去寄望成為不可知來世的仙佛，如果你這一步走的顛顛跛跛，妳又如何冀望下一步有個穩健的步伐，請仙佛來救妳嗎？仙佛來救妳的時候你真的可以明確知道嗎？

那何不回歸自然，生為人就好好做人，那不是很自然的狀況嗎？所以，輕鬆看待修行，生活就是要你不斷的修行來圓滿你的人的一生（人生人生）。仙佛的境界是很美很優很自在的境界，也是我們希望達到的境界，但不是要你一步就跨越的境界；就像你工作，你可能從業務員升主任升副理升經理升副總甚至總經理，或自己當老闆，總經理可能是我們努力工作的最高目標，除非你是上帝（董事長）直接指派來完成任務，否則，若你沒把業務員工作做好，達到一定業績目標，妳怎能升主任，妳沒把小組組員訓練起來，達成小組業績，想升副理經理是有困難的；當你是一個業務員時卻每天在想要坐總經理的位置，看如何成為總經理的書，有用嗎？除非書裡面有指導你如何從基層業務做好，妳願意一步一步把基礎打好嗎？所以捏，修行應該是很生活化的事情。

修只是修正、修整，把不完整的，多出來的，怎樣把它修完整，用什麼方式，用什麼態度修。

行就是把你想到修正的方式實行出來，看看是否達到想要的理想，若沒有，就再修正。

所以一般人都說「修行修行」，其實它就是連續而重複的動作，就是一般常講「簡單的動作重複去做就是成功」。修了行，行了修，再修再行，再行再修，修行修行就是修行。

這樣說來，那虔誠的拿香拜拜、誦經、靜坐、吃素、甚至做禮拜，這樣就算修行了嗎？其實不然，重點在有沒有修正自己的言行舉止或對待事物的態度，所以為什麼有人說他在修，但言行卻讓人厭惡甚至想迴避他，因為它修的是外在型式跟動作，而不是內在精神與神契合。

那要修到什麼程度？用什麼來檢測？要修到你可以自在快樂，別人跟你在一起也可以自在快樂，而這種自在快樂是不用做作，可以持續並且沒有不良後遺症的，不會在忽然間變成不快樂的。

所以修是要在日常生活中來修，包括你做事的方法態度，包括與人接觸的對待。小朋友考試考不好，是讀書時間不夠，不夠努力，是讀書方法不對，還是面對考試害怕的態度造成？了解以後就修正，然後依調整的方式認真看待，認真去執行。

像我推預售屋個案，也是要檢討廣告效用，檢討銷售小姐接待客戶的方式及說詞，然後依客戶反應，再重新研討下一波廣告的方式及重點，這就是一種修行，讓自己執行的越來越好，越愉快。

朋友常常問我：你的道場在哪裡？基本上實質的道場是在我的宮裡，但我常常跟他們說，接待中心就是我的道場，公司就是我的道場，我上班時間這麼長，哪可能常跑廟或宮，上班場所就是我的道場了。

客戶進來不成交，我怎樣修正我的說詞，怎樣修正我的態度，怎樣調整我的產品，然後再跟客戶接洽幾次，怎樣讓客戶買我的房子是很快樂，而不是沒能力負擔或覺得受騙，然後衍生一大堆後遺症。

延伸出來，我對小朋友的態度，我要嚴父兼慈母，要怎樣扮演？怎樣「管教」，才能達到小朋友行為不會偏差，而相處又會融洽，什麼時候要適度衝突，要管又要教，又不要影響他們自主管理的能力，這也是要修正學習並一次一次改正得來。

所以什麼是修行，日常生活就是在修行，往正向能量修行，就越來越自在快樂，越得心應手。所以孔子說：四十而不惑，五十而知天命，六十而耳順，七十而從心所欲不逾矩。孔子所以成為聖人，也是逐次漸進，接受周遭發生的各樣事物而得來，而不是一直去反對去排斥，

知天命——接受上天安排而來各種順逆情境，從中修養。

耳順——接受四面八方毀譽並來的言語而不怨喜。

從心所欲不踰矩——何其自然自在阿，因為清楚了解，根本不必著力。

聖人之所以成為聖人，也只是如此而已。

當你所做所為每一步都合乎道理，都心情愉快，結果要不愉快也難。修行是在日常生活中得的阿，修行也有負向能量修行的阿，很多竊盜、吸毒者，就是反向修行，小偷進監牢研習成大盜，偷到東西時很快樂，被捕時就很痛苦，吸毒者一時快樂，越吸越精，後患卻無窮，結果就是不快樂，不自由，甚至賠上自己性命。這種短暫的快樂不是真正的自在快樂。但是若能修到像電影「瞞天過海」演的神偷，可以不被抓到，她們也很自在快樂又自豪，何嘗不是在他們竊盜本業上高明的修行（技術跟逃脫能力），那各大銀行，展覽場，博物館的保全系統就是他們修行的道場了。

所以認真的對待自己的工作，自己的親人，自己的愛人，自己的上司、朋友，隨時修正自己的態度及對待方式，能夠知天命，能夠耳順，那生活就是在天堂，就是聖賢了。

先觀察檢討自己吧，不要一直檢討對方，修行已經開始了。

（2006/04/11）

8-5 一生到底有多長??

一天是黑夜加白天算一天，夜的黑我們看得到，懶得睡覺的時候都可以看。但是「生命的黑夜」面，對我們的卻是一個很大的謎，有的人宣稱可以看到，講得栩栩如生，但因為絕大多數的人都看不到，所以很難求證。如果是這樣，那就自己訓練自己成為能看到「生命的黑夜」的人。

這是很難去界定成功與否的功課，多少法門，三萬四千法門，每個法們都可能帶你達到，但自己能（會）有多少把握？

一生到底是多長？

從出生到死亡，或者是從死亡到轉世投胎（如果有轉世的話），再到下一個死亡；如果眾生平等的話，那在人世間到死亡後的陰間的總合時間應該一樣長，但是輪迴又不一定下世同樣再「當人」，所以這又好像說不通，那在世時間不相同，是怎樣的一種平等？

修行的時間平等嗎？還是修行得道的機會平等？有人可能來不及知道要做這種學習就已經離開了，那又怎樣講平等？

以前也常在想，乞丐也是這樣過一生，一般人吃好穿好，好像高等些，也是這樣過一生，非洲落後地區的人也是這樣過一生，華爾街富人是這樣忙忙碌碌過一生，到底最後的差別在哪裡？

我算是認真工作的，卻仍也不過是爾爾，難道真的很多事情都是天注定嗎？拼跟不拼有什麼差別？每個人都會覺得自己存在應該對別人影響很大，那是自己的感覺吧？（如果不覺得自己有被需要的感覺時？將怎樣繼續生活下去），像王永慶這樣，是有什麼樣的任務使命，讓他工作做到生命終止，最後帶走的是什麼？他「幫助」這麼多人（還是這麼多人也在成就他？），真的會有累積「生命點數」的作用嗎？窮與富的生命值（或是「質」）會不同嗎？享樂跟勞苦會累積不同的生命值嗎？如果有，它是記錄在哪裡，怎樣的記錄法？

怎樣的生命才叫有意義？普世的價值認定嗎？如果人來世間是因為一個謎，處在一個謎中，那普世價值豈不是「謎中謎」，在「謎」境中的人共同的認定，就好像盲人共同指引的一條所謂「明路」，

你如何確定那是真的正確的路？

因為會期望一些了解，生命結束就真的結束了嗎？所以會一直打坐靜修，多少期望能為自己解謎吧！能被稱為「神明」，可能真的是已經跳脫迷境而能指引明路的神吧，所以稱為「神」而「明」之。

靈修修行如果是一種必要的學習，那就放下做人的身段，虛心的學習。

（2006/04/25）

國家圖書館出版品預行編目資料

人間修行：靈修在修什麼？穿梭在凡間的神靈 /
莫林桑著 --初版-- 臺北市：博客思出版事業網：2016.8
ISBN：978-986-93351-2-6(平裝)
1.通靈術 2.靈修
296.1 105012666

心靈勵志 41

人間修行 ： 靈修在修什麼？

穿梭在凡間的神靈

作　　者：莫林桑
編　　輯：高雅婷
美　　編：林育雯
封面設計：林育雯
出 版 者：博客思出版事業網
發　　行：博客思出版事業網
地　　址：台北市中正區重慶南路1段121號8樓之14
電　　話：(02)2331-1675或(02)2331-1691
傳　　真：(02)2382-6225
E—MAIL：books5w@yahoo.com.tw或books5w@gmail.com
網路書店：http://bookstv.com.tw/　http://store.pchome.com.tw/yesbooks/
華文網路書店、三民書局
博客來網路書店 http://www.books.com.tw
總 經 銷：成信文化事業股份有限公司
電　　話：02-2219-2080　　傳 真：02-2219-2180
劃撥戶名：蘭臺出版社　帳號：18995335
香港代理：香港聯合零售有限公司
地　　址：香港新界大蒲汀麗路36號中華商務印刷大樓
C&C Building, 36,Ting, Lai, Road, Tai,Po, New,Territories
電　　話：(852)2150-2100　　傳真：(852)2356-0735
總 經 銷：廈門外圖集團有限公司
地　　址：廈門市湖裡區悅華路8號4樓
電　　話：86-592-2230177　　傳 真：86-592-5365089
出版日期：2016年8月 初版
定　　價：新臺幣280元整（平裝）
ISBN：978-986-93351-2-6